Standort Deutschland – Was ist zu tun?

Bei Unternehmen zählt das Geschäftsjahr zwölf Monate, bei Regierungen vier Jahre. Bei Unternehmen legen neue Chefs meist Wert auf Kontinuität, betonen gern, dass sie auf den Leistungen der Vorgänger aufbauen. Bei Regierungen ist es nach einem Wechsel ganz anders: Der Kanzler und seine Minister – der „neue Vorstand“ – lassen keine Gelegenheit aus, die Schwierigkeit ihrer Aufgabe mit der Hinterlassenschaft der Vorgänger im Amt zu begründen.

Was in einer Bilanz steht, ist freilich das eine, was darüber gesprochen wird, das andere. Selbst rundum positive Fakten nutzen nicht viel, wenn sie niemand kennt. Oder wenn die Öffentlichkeit der Meinung ist, das halbvolle Glas sei halbleer. Negative Fakten wiederum schaden nicht, sofern sie geheim bleiben. „Perception is everything“, sagen die Amerikaner: Entscheidend ist, was überhaupt wahrgenommen wird – und wie es wahrgenommen wird.

War die Bundesrepublik Deutschland 1998 tatsächlich ein Wirtschaftsstandort mit hoher Arbeitslosigkeit, einer unsozialen Politik gegenüber den sozial Schwachen, unfähig zu den überfälligen Reformen, unattraktiv für ausländische Investoren? Und ist dasselbe Land heute beim Wachstum wie bei der Beschäftigung tatsächlich das Schlusslicht in Europa, sind seine Arbeitnehmer wie Unternehmer die Opfer zu hoher Steuern und einer zu starken Bürokratie?

Das kann man, wie vieles im Leben, so oder so sehen. Die Beurteilung wird aber treffsicherer, wenn man zuerst auf die Fakten schaut. Erst wenn diese auf dem Tisch liegen, lassen sie sich bewerten. Was aber noch wichtiger ist: Erst auf der Grundlage einer nüchternen Bestandsaufnahme kann darüber befunden werden, was zu tun ist, um dieses Land wieder zurückzubringen in die „Champions League“ der Volkswirtschaften.

Diese nüchterne Bestandsaufnahme wird in dieser Schrift versucht: Durch eine Gegenüberstellung der für den Wirtschaftsstandort Deutschland wichtigsten Aussagen aus der Regierungserklärung von Bundeskanzler Gerhard Schröder (SPD) und der Koalitionsvereinbarung zwischen SPD und Bündnis 90/Die Grünen einerseits und dem aktuellen Zustand des Landes andererseits.

Das Ergebnis dieser Bilanz lässt sich so zusammenfassen:

Was SPD und Grüne 1998 vorgefunden haben, war nicht so schlecht, wie sie es darstellen. Aber es war auch nicht so gut, dass es grundlegender Reformen nicht bedurft hätte.

- Deutschland ist heute nicht „der kranke Mann Europas", wie manche gerne behaupten. Aber: Das „deutsche Modell", jene einst so erfolgreiche Verbindung von Wettbewerb und sozialem Ausgleich, hat viel von seiner Strahlkraft eingebüsst. Ein Vorbild für andere Länder ist die Bundesrepublik längst nicht mehr.
- Eines steht fest: Ihr wichtigstes wirtschaftspolitisches Ziel, nämlich die Arbeitslosigkeit „signifikant zu senken" bzw. „unter 3,5 Millionen" zu drücken, hat die rot-grüne Koalition deutlich verfehlt.
- Die rot-grüne Regierung hat wichtige Reformen angepackt: Die Steuerreform war ein Schritt in die richtige Richtung, ebenso der Einstieg in die private Altersvorsorge („Riester-Rente").
- Bei ihrer Wirtschafts- und Finanzpolitik hatte die Regierung zwei wichtige Interessengruppen im Blickpunkt: die Gewerkschaften und die großen Konzerne. Auf der Strecke blieben die mittleren und kleinen Unternehmen – und damit die einzigen, die neue Arbeitsplätze schaffen könnten.
- Die rot-grüne Regierung hat unumgängliche Reformen in der Gesundheitspolitik unterlassen. Vieles ist verändert, aber kaum etwas verbessert worden. Die Beiträge steigen, die Leistungen werden schlechter.

INHALT

- In der Arbeitsmarktpolitik ist ein grundlegender Wandel ebenfalls ausgeblieben. Nach wie vor kann es sich für Arbeitslose und Sozialhilfeempfänger lohnen, *nicht* zu arbeiten.

- Bei allem hat Rot-Grün zwei Ziele gleichzeitig zu erreichen versucht: die Stärkung der Wachstumskräfte und soziale Gerechtigkeit. Zu oft behielt die Sozialpolitik alter Art, die nicht auf gleiche Chancen, sondern auf gleiche Ergebnisse zielt, die Überhand.

Es ist Wahlkampfzeit. Das sollte die Zeit der Zahlen, Daten, Fakten sein. Hier sind die wichtigsten zusammengefasst.

Frankfurt, im Juni 2002

1 Mehr Wachstum für Deutschland

1. Was hat die Regierung versprochen?

In der Regierungserklärung der rot-grünen Koalition vom 10. November 1998 heißt es:

„Ökonomische Leistungsfähigkeit ist der Anfang von allem. ... Dafür brauchen wir neue Unternehmen, neue Produkte, neue Märkte und vor allen Dingen schnellere Innovation. Wir brauchen eine bessere Ausbildung und eine Steuer- und Abgabenpolitik, die vor allem die Kosten der Arbeit entlastet."

„Wir eröffnen den Menschen die Perspektive der Selbständigkeit. ... Wir werden dies vor allem für den Mittelstand tun. Moderne Mittelstandspolitik ist für uns: weniger Bürokratie, schnellere Innovation, besserer Zugang zu den neuen Technologien."

Und der Koalitionsvertrag gibt folgendes Ziel vor:

„Wirtschaftskraft durch nachhaltiges Wachstum und Innovation stärken und zukunftsfähige Arbeitsplätze schaffen."

2. Was hat die Regierung 1998 vorgefunden?

1998 wuchs das Bruttoinlandsprodukt real um 2 Prozent. Im gleichen Jahr waren es in Irland 9 Prozent, in den USA 4,5 Prozent und in Frankreich 3,5 Prozent. In Europa blieb nur Italien geringfügig unter unserem Wachstum. Nimmt man die vier Jahre von 1995 bis 1998 schneiden wir noch schlechter ab. Im jährlichen Durchschnitt erreichte die Bundesrepublik nur 1,5 Prozent. Von den Industrieländern hatten nur die Schweiz und Japan noch schlechtere Werte.

Bei internationalen Wachstums-Vergleichen ist allerdings zu berücksichtigen, dass Deutschland zwischen 1995 und 1998 erhebliche Leistungen für den „Aufbau Ost" zu erbringen hatte. Eine solche zusätzliche Belastung hatte keine andere Volkswirtschaft zu schultern.

3. Was hat die Regierung getan?

Wirtschaftswachstum ist kein Selbstzweck. Eine stagnierende Volkswirtschaft verliert an Wettbewerbsfähigkeit, schafft keine neuen Arbeitsplätze. Insofern hat Bundeskanzler Schröder zu Recht dem Wachstum höchste Priorität eingeräumt. Allerdings hat die rot-grüne Koalition das Wachstumsziel bald wieder aus den Augen verloren:

- Die Steuerreform war ein Schritt in die richtige Richtung. Doch die Steuersenkungen wurden zum Teil finanziert durch eine Verschlechterung der Abschreibungsmöglichkeiten. Die Folge war ein starker Rückgang der Investitionen im Jahr 2001. Dies beschleunigte den Marsch in die Rezession (siehe Kapitel 3).

- Dem ohnehin überreglementierten Arbeitsmarkt wurden weitere Fesseln angelegt. Die 630-Mark-Jobs wurden für Arbeitgeber teurer, während den Arbeitnehmern netto weniger blieb, Selbständigen wurde das Leben schwer gemacht („Scheinselbständigkeit"), mit der Ausweitung der Mitbestimmung und der neuen Regelung für die Lohnfortzahlung bei Krankheit wurden die Kosten für die Unternehmen erhöht (siehe Kapitel 2).

- Dies alles hat vor allem den Mittelstand belastet, also genau den Teil der Wirtschaft, wo die meisten neuen Arbeitsplätze entstehen. Mittelstandsfeindlich war auch die Steuerreform. Denn die Steuerlast der Personengesellschaften war nach der Steuerreform höher als zuvor (siehe Kapitel 10).

- Höhere Abgaben sind Gift für Wachstum. Unterlassene oder falsch konzipierte Reformen im Gesundheits- und Rentensystem ließen die Sozialabgaben – trotz der Öko-Steuer – für Arbeitnehmer wie für Unternehmen zuletzt wieder ansteigen (siehe Kapitel 5, 6 und 7).

- Obwohl der Kanzler den „Aufbau Ost" zur Chefsache erklärt hatte, blieb das Wachstum in den neuen Ländern noch hinter dem ohnehin schon unbefriedigenden westdeutschen zurück. Die Wachstumslücke zwischen West und Ost hat sich vergrößert (siehe Kapitel 9).

- Die Sanierung der Staatsfinanzen war eines der Hauptanliegen der rot-grünen Koalition. Doch inzwischen hat die Bundesrepublik in Euroland die „rote Laterne": Die Fehlbeträge der öffentlichen Haushalte belaufen sich auf 2,8 Prozent des Bruttoninlandsprodukts. Kein anderes EU-Land macht mehr Schulden (siehe Kapitel 4).

- Bildung und Ausbildung sind bei uns nicht mehr vorbildlich. Das zeigen der Mangel an wissenschaftlichen Spitzenkräften wie das Fehlen von Fachkräften in den High-Tech-Berufen (siehe Kapitel 8).

Fazit: *An den entscheidenden Schwächen des Wirtschaftsstandorts Deutschland hat sich zwischen 1998 und 2002 nichts geändert. Nach wie vor beschneiden Steuern, Abgaben und Bürokratie das Wachstum. Schlimmer noch: Während andere Länder Reformen mutig angepackt haben, ist Deutschland im Wettbewerb der Standorte weiter zurückgefallen.*

4. Wo stehen wir heute?

Die deutsche Wirtschaft lebt nach wie vor von der Ausfuhr, ist unverändert Export-Nation Nr.2. Aber unser Anteil am Weltexport geht ständig zurück. Überhöhte Produktionskosten wirken sich negativ aus, ebenso die Tatsache, dass die deutschen Exporteure bei technologisch hochwertigen Produkten der „New Economy" nur Mittelmaß sind (Grafik 1).

Grafik 1: **Anteile Deutschlands am Weltexport**

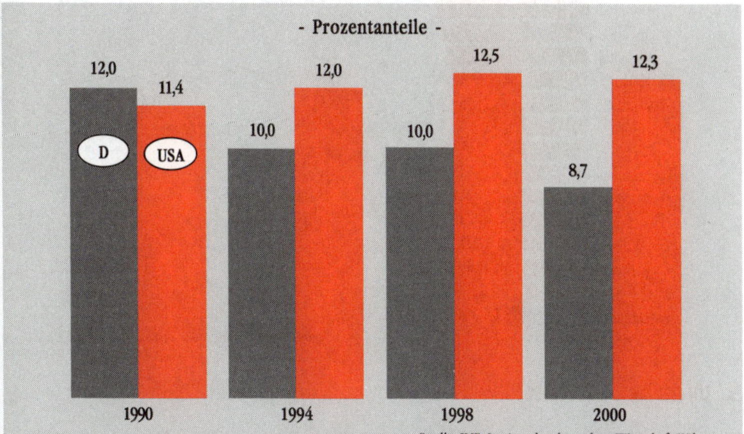

Quelle: IMF; Institut der deutschen Wirtschaft Köln.

Im »Jahrbuch der internationalen Wettbewerbsfähigkeit« des renommierten schweizerischen Forschungsinstituts IMD rangiert Deutschland in diesem Jahr nur noch an 15. Stelle unter 50 Ländern. Somit haben wir in den letzten drei Jahren vier Plätze eingebüßt. Besonders schlechte Noten erhält Deutschland im Länder-Vergleich bei den Unternehmenssteuern (Platz 45), bei der Flexibilität des Arbeitsmarktes (49) und bei den Arbeitszeiten (46).

Auch beim Wachstum schneidet Deutschland unverändert schlecht ab. Nimmt man den Durchschnitt der Jahre 1999/2002 steht Deutschland unter 18 Ländern an vorletzter Stelle (Grafik 2). Nur Japan ist noch schlechter.

In diesem Jahr sind wir mit einem Wirtschaftswachstum von nur noch 0,7 Prozent das Schlusslicht in der EU. Bundeskanzler Schröder entschuldigt dieses schlechte Abschneiden mit der hohen Exportabhängigkeit Deutschlands. Die deutsche Volkswirtschaft bekäme deshalb die Weltwirtschaftsflaute stärker zu spüren als andere. Doch dieses Argument überzeugt nicht:

- Die Niederlande, Irland oder Belgien hängen wesentlich stärker vom Export ab – und erzielen höhere Wachstumsraten als Deutschland.

- Bereits im vierten Quartal 2001 ging die Weltwirtschaft, angeführt von den USA, wieder auf Wachstumskurs, doch Deutschland steckt weiter in der Flaute.

Grafik 2: **Internationales Wachstums-Ranking 1999/2002**

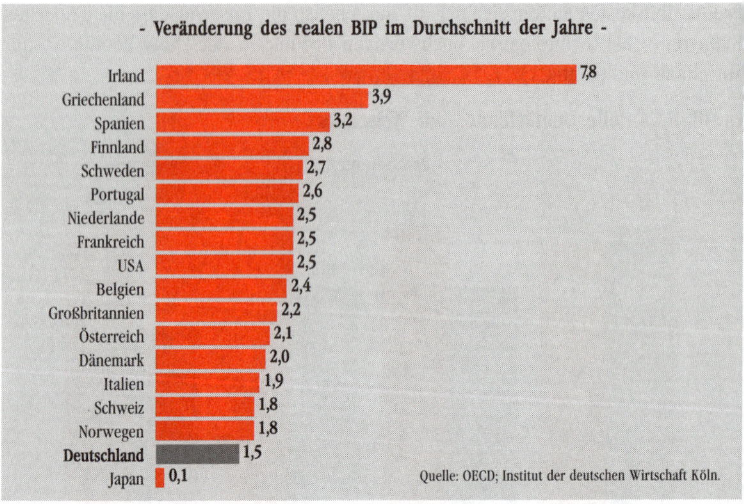

5. Was ist zu tun?

Wenn wir wieder in die „Champions-League" des Wirtschaftswachstums zurückkehren wollen, brauchen wir vor allem Mut – Mut zu unpopulären Entscheidungen, zum Abschneiden alter Zöpfe, zum Antasten liebgewonnener Besitzstände. Die wichtigste und vordringlichste aller Reformen ist deshalb eine Veränderung unserer Einstellungen und Erwartungen:

- Statt ängstlich auf die Gefahren der Globalisierung zu starren, müssen wir unsere Stärken im internationalen Wettbewerb besser ausspielen.
- Die Angst vor technischem Fortschritt muss durch ein Ja zum kalkulierten Wagnis ersetzt werden.
- An die Stelle von Umverteilung und Gleichmacherei muss eine Kultur des Wettbewerbs treten.
- Eliten auf allen Gebieten sind zu fördern, denn gerade die weniger Leistungsfähigen sind darauf angewiesen, dass andere Spitzenleistungen erbringen.
- Wir müssen von anderen Ländern lernen: Überall auf der Welt, wo die Staatsbürokratie zurückgedrängt und der Markt gestärkt worden ist, gibt es mehr Wachstum und weniger Arbeitslosigkeit als in Deutschland.

2 Reform des Arbeitsmarktes für mehr Beschäftigung

1. Was hat die Regierung versprochen?

In der Regierungserklärung der rot-grünen Koalition vom 10. November 1998 heißt es:

„Wir müssen dafür sorgen, dass die Arbeitslosigkeit zurückgedrängt wird, dass bestehende Arbeitsplätze erhalten bleiben und neue Beschäftigung entsteht. ... Unser drängendstes und auch schmerzhaftestes Problem bleibt die Massenarbeitslosigkeit. ... Wir wollen uns jederzeit, nicht erst in vier Jahren, daran messen lassen, in welchem Maße wir zur Bekämpfung der Arbeitslosigkeit beigetragen haben."

Wenig später versprach Gerhard Schröder, die Zahl der Arbeitslosen unter 3,5 Millionen zu drücken:

„Sonst haben wir es nicht verdient, wiedergewählt zu werden."

2. Was hat die Regierung 1998 vorgefunden?

Die CDU/FDP-Regierung hatte einige Maßnahmen zur Deregulierung des Arbeitsmarktes beschlossen, u.a. die Einschränkung der Lohnfortzahlung im Krankheitsfall und des gesetzlichen Kündigungsschutzes in kleinen Unternehmen. Diese Versuche zur Liberalisierung des Arbeitsmarktes kamen aber zu spät und waren zu zaghaft, um für eine Wende zu sorgen.

- Die Arbeitslosenquote (nach OECD-Maßstab) ist ständig gestiegen: von 4,1 Prozent im Durchschnitt der Jahre 1974 bis 1983 über 6,2 Prozent (1984/93) auf 9 Prozent (1994/98). (Seit 1990 ist in der Arbeitslosenquote auch die besonders hohe Arbeitslosigkeit in den neuen Ländern enthalten.)
- Die Zahl der Langzeitarbeitslosen (mehr als sechs Monate) ist ständig gestiegen, Menschen mit geringer beruflicher Qualifikation sind überdurchschnittlich von Arbeitslosigkeit betroffen.
- Viele Arbeitslose sind nicht qualifiziert genug, um offene Stellen zu besetzen.
- Für viele Arbeitslose und Sozialhilfeempfänger lohnt es sich finanziell nicht, eine reguläre Arbeit mit Lohnsteuerkarte aufzunehmen.

3. Was hat die Regierung getan?

Die Arbeitslosenquote (nach deutscher Definition) ist von 11,1 Prozent im Jahr 1998 auf 9,4 Prozent 2001 zurückgegangen. Nach international üblicher Zählweise (OECD) fällt der Rückgang von 9,3 (1998) auf 7,9 Prozent (2002) geringer aus. Außerdem zeigt Grafik 1: Länder wie Spanien, Italien und Schweden konnten die Arbeitslosigkeit wesentlich stärker abbauen oder das erheblich niedrigere Ausgangsniveau halten (Österreich, Dänemark, Schweiz und Niederlande).

Grafik 1: **Arbeitslosenquote* im internationalen Vergleich**

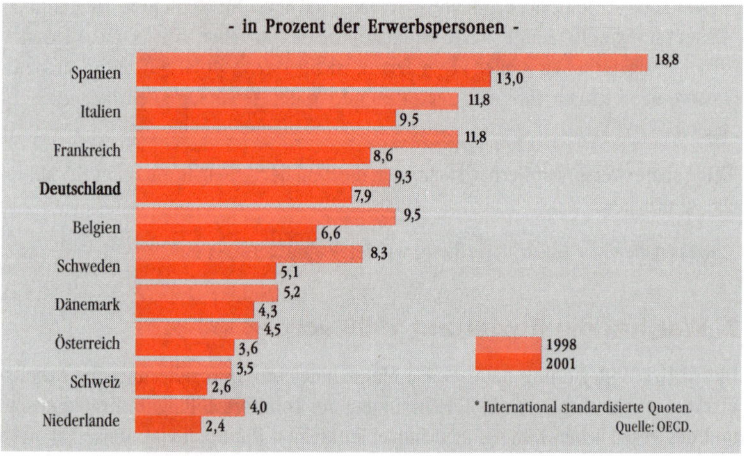

Die Regierung Schröder/Fischer hat die von den Vorgängern eingeleitete Reform des Arbeitsmarktes gestoppt; sie hat zugleich zahlreiche neue Reglementierungen eingeführt:

- Die Lockerung des Kündigungsschutzes bei Unternehmen mit bis zu 10 Mitarbeitern wurde im Januar 1999 rückgängig gemacht.
- Die Kürzung der Lohnfortzahlung im Krankheitsfall auf 80 Prozent wurde aufgehoben.
- Die angekündigte Senkung der Sozialabgaben unter 40 Prozent ist nicht gelungen, obwohl die neue Ökosteuer dazu beitragen sollte (siehe Kapitel 7).
- Die Regierung erneuerte mit Gewerkschaften und Arbeitgebern das „Bündnis für Arbeit“. Dieser unverbindlichen Gesprächsrunde gelang es aber nicht, Wege zu mehr Beschäftigung zu finden.

- Aus „sozialen Gründen“ wurde eine Versicherungspflicht für 630-Mark-Jobs eingeführt. Für die Arbeitgeber bedeutet das höhere Kosten, für die Arbeitnehmer weniger „netto“.
- Existenzgründer wurden verpflichtet, auf komplizierte Weise nachzuweisen, dass sie keine „Scheinselbständigen“ sind.
- Ein Sofortprogramm zum Abbau der Jugendarbeitslosigkeit wurde beschlossen und umgesetzt. Die Arbeitslosigkeit bei Jugendlichen unter 25 Jahren ist von 11,8 Prozent (1998) auf rund 9 Prozent zurückgegangen.
- Das „Job-AQTIV-Gesetz“ folgt dem Prinzip des „Förderns und Forderns“ bei der Vermittlung von Arbeitslosen. Es trat aber erst zum 1. Januar 2002 in Kraft und blieb bisher ohne große Wirkung.
- Der Abschluss befristeter Arbeitsverhältnisse wurde erschwert, ein Rechtsanspruch auf Teilzeitarbeit neu geschaffen, die betriebliche Mitbestimmung ausgeweitet. Alle drei Maßnahmen haben nicht zu zusätzlicher Beschäftigung geführt.
- Bei der Arbeitslosenversicherung wurden die Zumutbarkeitskriterien für eine neue Stelle aufgeweicht, die Kontrollen gelockert. Erst nach Bekanntwerden gefälschter Vermittlungsstatistiken der Bundesanstalt für Arbeit kündigte die Regierung eine grundlegende Reform von Arbeitslosenversicherung und Arbeitsvermittlung an. Konkrete Ergebnisse stehen noch aus.
- Mit der Einführung der „Green Card“ wurde die Anwerbung ausländischer Spezialisten erleichtert und eine am Arbeitsmarkt orientierte Zuwanderung eingeleitet.

Fazit: *Die verkrusteten Arbeitsmärkte wurden von der rot-grünen Koalition nicht aufgelockert. Hand in Hand mit den Gewerkschaften sucht die Regierung vor allem Arbeitsplatz-Besitzer gegen Veränderungen zu schützen. Sie hat die Kosten der Arbeit und die Barrieren für die Einstellung von Arbeitssuchenden eher erhöht.*

4. Wo stehen wir heute?

Bei der Arbeitslosigkeit liegt Deutschland in Europa im oberen Drittel (Grafik 1), bei der Zunahme der Beschäftigung im unteren Drittel (Grafik 2). Das heißt: Bei einer Fortsetzung der bisherigen Politik ist kein grundlegender Wandel in Aussicht.

Grafik 2: **Beschäftigungstrends im internationalen Vergleich**

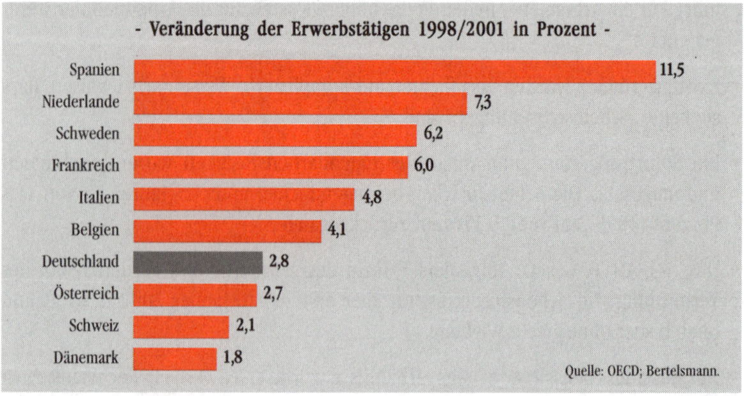

Das Institut für Arbeitsmarkt- und Berufsforschung schätzt, dass die Zahl der Arbeitnehmer (gemessen in Vollzeit-Arbeitsplätzen) von 28,75 Millionen im Jahr 1998 auf 28,87 Millionen im Jahr 2002 gestiegen ist, also gerade mal um 0,4 Prozent. Der Zuwachs der Zahl der Beschäftigten spiegelt die genauer erfassten 630-Mark- bzw. 325 Euro-Jobs wieder. Die Regierung hat es also geschafft, die Statistik zu verbessern, nicht aber die Möglichkeit, in Deutschland Arbeit zu finden.

5. Was ist zu tun?

Tarifabschlüsse sind Sache von Gewerkschaften und Arbeitgebern. Doch die Regierung kann die Voraussetzungen schaffen, um die Arbeitskosten zu senken und den Arbeitsmarkt wieder funktionsfähig zu machen:

- Oberstes Prinzip: Wer arbeitet, muss mehr Geld zur Verfügung haben, als der Bezieher von Arbeitslosengeld oder Sozialhilfe.
- Die Annahme von gering bezahlter Arbeit (325-Euro-Jobs) darf nicht länger bestraft werden.
- Der zeitliche Anspruch auf Arbeitslosengeld muss verkürzt werden, Arbeitslosenhilfe und Sozialhilfe sind zusammen zu legen.
- Arbeitslosen muss es möglich sein, weniger als den Tariflohn zu verlangen.
- Die Sozialversicherungsbeiträge müssen endlich unter 40 Prozent gesenkt werden.
- Betriebsräte müssen mit dem Arbeitgeber Abweichungen vom Tarifvertrag vereinbaren können.
- Kündigungen und der Abschluss befristeter Arbeitsverträge müssen erleichtert werden, damit die Chancen für Arbeitssuchende steigen.

3 Vereinfachung des Steuersystems und Abbau der Steuerlast

1. Was hat die Regierung versprochen?

In der Regierungserklärung der rot-grünen Koalition vom 10. November 1998 heißt es:

„Im Mittelpunkt steht die Entlastung der aktiv Beschäftigten und ihrer Familien sowie der kleinen und mittleren Unternehmer. ... Die Einkommensteuersätze werden nachhaltig gesenkt, das Kindergeld wird erhöht. ... Steuerschlupflöcher werden wir stopfen, ungerechtfertigte Vergünstigungen werden wir abbauen. ... Wir werden auch die Unternehmensbesteuerung grundlegend reformieren. Unternehmenseinkünfte sollen mit höchstens 35 Prozent besteuert werden."

2. Was hat die Regierung 1998 vorgefunden?

Bis zum Regierungswechsel konnte die SPD mit ihrer Mehrheit im Bundesrat die Steuerreform der CDU/FDP Regierung blockieren. So waren nur kleinere Veränderungen durchsetzbar, wie die Aussetzung der Vermögensteuer (1997) oder die Abschaffung der Gewerbekapitalsteuer (Anfang 1998). Bereits 1994 war die steuerliche Belastung gewerblicher Einkünfte auf maximal 47 Prozent gesenkt worden. Sie lag damit um 6 Prozentpunkte unter dem Spitzensteuersatz bei der Einkommensteuer.

So konnte die höchst mögliche Steuerlast auf einbehaltene Gewinne von 64,9 Prozent (1995) auf 56,2 Prozent (Kapitalgesellschaften) beziehungsweise von 71,5 Prozent (1993) auf 58,0 Prozent (Personenunternehmen) reduziert werden.

3. Was hat die Regierung getan?

Im Frühjahr 1999 wurde das „Steuerentlastungsgesetz 1999 bis 2002" beschlossen. Diese „Lafontaine-Reform" legt den Schwerpunkt auf die Belebung der Nachfrage und die Entlastung von Arbeitnehmern und Familien. Gesamtentlastung: gut 30 Milliarden DM. Wesentliche Inhalte:

- Schrittweise Senkung des Eingangssteuersatzes von 25,9 auf 19,9 Prozent und des Spitzensteuersatzes von 53 auf 48,5 Prozent (bis 2002). Beim ermäßigten Spitzensteuersatz für gewerbliche Einkünfte war eine Rücknahme um 4 Prozentpunkte auf 43 Prozent geplant. Der Körperschaftsteuersatz auf einbehaltene Gewinne wurde 1999 von 45 auf 40 Prozent gesenkt.

- Umfangreiche Gegenfinanzierungsmaßnahmen (30 Milliarden DM), die überwiegend die Unternehmen belasten (Streichung von Rückstellungsmöglichkeiten, eingeschränkte Verrechnung von Verlusten).
- Anhebung des Kindergelds von 220 auf 250 DM im Jahr 1999 (erstes und zweites Kind) und auf 270 DM ab 2000.

Im Sommer 2000 wurde das „Steuersenkungsgesetz" verabschiedet. Dieses „Eichel"-Paket hatte ein Gesamtvolumen von 62,5 Milliarden DM. Die wichtigsten Elemente dieser Reform:

- Die Steuerreform wird in mehreren Stufen umgesetzt. Die erste Stufe trat Anfang 2001 in Kraft, die Endstufe soll Anfang 2005 realisiert werden.
- Bis dahin wird der Einkommensteuer-Spitzensatz auf 42 Prozent und der Eingangssteuersatz auf 15 Prozent zurückgenommen.
- Der Körperschaftsteuersatz wurde von 40 Prozent (einbehaltene Gewinne) beziehungsweise 30 Prozent (ausgeschüttete Gewinne) auf einheitlich 25 Prozent gesenkt.
- Die Unternehmensbesteuerung wurde vollständig umgestellt. Statt des Anrechnungsverfahrens kommt nun ein klassisches Körperschaftsteuersystem zur Anwendung, bei dem ausgeschüttete Gewinne im Rahmen eines „Halbeinkünfteverfahrens" zwei Mal belastet werden, zum einen beim Unternehmen und zum anderen beim Anteilseigner.
- Der ermäßigte Spitzensatz der Einkommensteuer auf gewerbliche Einkommen wurde abgeschafft. Um den Mittelstand zu entlasten, wurde statt dessen die Gewerbesteuer pauschal auf die Einkommensteuerschuld angerechnet. Dadurch sind Personenunternehmen bei einem Gewerbesteuerhebesatz von 360 Prozent zur Zeit faktisch von der Gewerbesteuer befreit.
- Die Gegenfinanzierung erfolgt hauptsächlich über eine deutliche Verschlechterung der Abschreibungsbedingungen, geht also wiederum zu Lasten der Unternehmen.
- Das Kindergeld wurde Anfang 2000 von 270 DM auf 300 DM (154 Euro) angehoben.

Fazit: *Die Bundesregierung fuhr bei der Steuerreform einen Zickzackkurs. Nachdem das Steuerentlastungsgesetz Lafontaines eindeutig nachfragepolitisch geprägt war, führte Eichel auch angebotspolitische Elemente ein. Doch die Reformen werden den wachstums- und arbeitsmarktpolitischen Erfordernissen nur bedingt gerecht: Nur ein Drittel sämtlicher steuerpolitischer Entlastungen kommt den Investoren zu Gute.*

4. Wo stehen wir heute?

Das Ziel, die maximale Steuerbelastung von Unternehmen auf höchstens 35 Prozent zu senken, ist nicht erreicht worden.

- Die einbehaltenen Gewinne von Kapitalgesellschaften werden mit 38,6 Prozent, ausgeschüttete Gewinne mit bis zu 54,3 Prozent besteuert.
- Bei Personenunternehmen beträgt im Jahr 2002 die maximale Belastung 51,4 Prozent. Erst 2005 wird sie auf 45,7 Prozent zurückgehen. Kapitalgesellschaften kommen dagegen bereits ab Anfang 2001 in den Genuss der vollen Steuersenkung.

Hieraus ergibt sich eine eklatante Benachteiligung der mittelständischen Personenunternehmen, zumal die Lasten der Gegenfinanzierung (Verschlechterung der Abschreibungskonditionen) die Personalgesellschaften bereits ab 2001 treffen.

Grafik: **Effektive Durchschnittssteuersätze von Kapitalgesellschaften in den EU-Staaten**

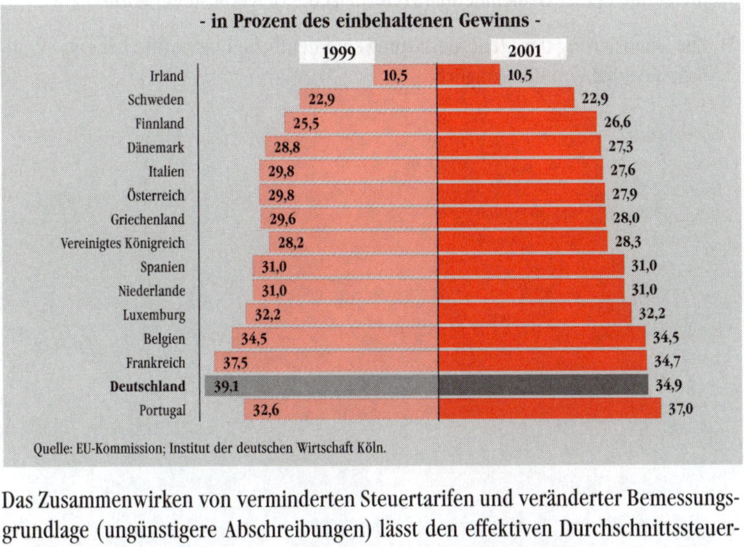

Das Zusammenwirken von verminderten Steuertarifen und veränderter Bemessungsgrundlage (ungünstigere Abschreibungen) lässt den effektiven Durchschnittssteuersatz noch nicht einmal um 5 Prozentpunkte sinken (s. Grafik). Dies reicht nicht aus, um den Standort Deutschland im internationalen Steuerwettbewerb nennenswert voranzubringen. Deutschlands Position im internationalen Unternehmenssteuer-Ranking hat sich seit Antritt der Regierung Schröder kaum verbessert: Vom letzten auf den vorletzten Platz. Und das nur, weil in Portugal die Unternehmenssteuern angehoben worden sind.

Völlig verfehlt wurde das Ziel, das Steuersystem zu vereinfachen. Statt durch das Streichen von Ausnahmeregelungen für mehr Transparenz zu sorgen, wurde das Steuerrecht z. B. durch die Regeln der Mindestbesteuerung noch komplizierter und noch unsystematischer.

5. Was ist zu tun?

Die Steuerpolitik muss stärker angebotsorientiert ausgerichtet werden, d.h. es muss attraktiv werden, in Deutschland zu investieren oder eine Arbeit aufzunehmen. Insbesondere ist die Investitionskraft der mittelständischen Unternehmen zu stärken:

- Die effektive Steuerlast der Kapitalgesellschaften in Deutschland muss auf ein international wettbewerbsfähiges Niveau gesenkt werden.
- Die Benachteiligung der Personenunternehmen gegenüber Kapitalgesellschaften muss beseitigt werden.
- Im Rahmen einer Gemeindefinanzreform ist die Gewerbesteuer abzuschaffen.
- Zur Finanzierung der Steuerentlastung sind deutliche Einschnitte bei den öffentlichen Ausgaben unumgänglich.

4 Sanierung der Staatsfinanzen und Subventionsabbau

1. Was hat die Regierung versprochen?

In der Regierungserklärung der rot-grünen Koalition vom 10. November 1998 heißt es:

„Diese finanzielle Erblast, die uns hinterlassen worden ist, zwingt uns zu einem entschlossenen Konsolidierungskurs. Wir werden angesichts dessen, was wir vorgefunden haben, um strukturelle Eingriffe nicht herumkommen. Alle Aufgaben müssen auf den Prüfstand. ... Subventionen und soziale Leistungen werden wir stärker als bisher auf die wirklich Bedürftigen konzentrieren."

Und im Koalitionsvertrag steht der programmatische Satz:

„Die Sanierung der Staatsfinanzen ist eine Hauptaufgabe der neuen Bundesregierung. Wir wollen die Schuldenanhäufung zu Lasten künftiger Generationen verringern."

2. Was hat die Bundesregierung 1998 vorgefunden?

Die finanzwirtschaftliche Schlussbilanz der abgewählten Regierung (siehe Tabelle) hatte erhebliche Schwachstellen:

- Die Schulden der öffentlichen Haushalte beliefen sich Ende 1998 auf 1.166 Milliarden Euro. Allein der Bund musste 1999 knapp 42 Milliarden Euro, also 22 Prozent seiner Steuereinnahmen an Zinsen zahlen.
- Das Defizit im öffentlichen Gesamthaushalt (Bund, Länder und Gemeinden) machte 1998 nach OECD Definition 2,2 Prozent des BIP aus.
- Die Staatsquote, also der Anteil der Staatsausgaben am BIP, betrug 46 Prozent. 1996 hatte sie mit 47,5 Prozent sogar einen historischen Höchststand erreicht.
- Die Subventionen im öffentlichen Gesamthaushalt waren auf insgesamt 60 Milliarden Euro angestiegen und machten über 2 Prozent des BIP aus.

Tabelle: **Kennziffern der deutschen Staatsfinanzen**

- in Prozent des Bruttoinlandsprodukts -

	1998	1999	2000	2001	2002
Staatsquote	46,0	46,2	43,3	45,7	46,2
Defizitquote	-2,2	-1,6	1,2	-2,7	-2,8
Verschuldungsquote	62,3	60,8	59,8	59,3	60,6
Zinslastquote	3,1	3,1	2,8	2,7	2,7
Investitionsquote	3,2	2,9	2,9	2,8	2,6
Subventionsquote	2,1	2,0	2,0	1,9	1,8

Quelle: OECD; Bundesfinanzministerium; Statistisches Bundesamt; Institut der deutschen Wirtschaft Köln.

3. Was hat die Regierung getan?

Bereits im Januar 1999 wurde ein Stabilitätsprogramm beschlossen. Sein zentrales Ziel: Die gesamten öffentlichen Ausgaben sollten bis 2002 um maximal 2 Prozent im jährlichen Durchschnitt ansteigen, um so die Defizitquote auf 1 Prozent des BIP zu drücken.

Für den Zeitraum 1998 bis 2003 wurden im „Sparpaket 2000" folgende Ziele vorgegeben:

- Jährliche Einsparungen von 15,3 Milliarden Euro zur dauerhaften Konsolidierung des Bundeshaushalts.
- Verringerung der Nettokreditaufnahme des Bundes von 25,3 Milliarden Euro (2000) über 23,5 Milliarden Euro (2001) und 21,0 Milliarden Euro (2002) auf schließlich 15,3 Milliarden Euro (2003).
- Ein ausgeglichener Bundeshaushalt im Jahr 2006.

4. Wo stehen wir heute?

Die Bundesregierung hat, wie ein Blick auf die o.a. Tabelle zeigt, ihre Konsolidierungsziele nicht erreicht:

- Die Staatsquote liegt mit 46,2 Prozent wieder über dem Ausgangswert von 1998.
- Die gesamte Staatschuld überschreitet die 60-Prozent-Marke des BIP und verletzt damit eines der Maastricht-Kriterien.

- Das Defizit des Gesamthaushalts erreicht 2,8 Prozent des BIP. Damit liegt die Defizitquote nicht nur deutlich über dem Wert von 1998 (2,2), sondern nähert sich auch beängstigend dem „Maastricht-Limit“ von 3 Prozent. Nur durch eine massive politische Intervention konnte die Bundesregierung einen drohenden „Blauen Brief“ aus Brüssel abwenden.

- Die Europäische Kommission hat die Bundesrepublik beim Defizit-Ranking 2002, wie die Grafik zeigt, als Schlusslicht eingestuft:

Grafik: **Budgetsalden 2002 im EU-Vergleich**

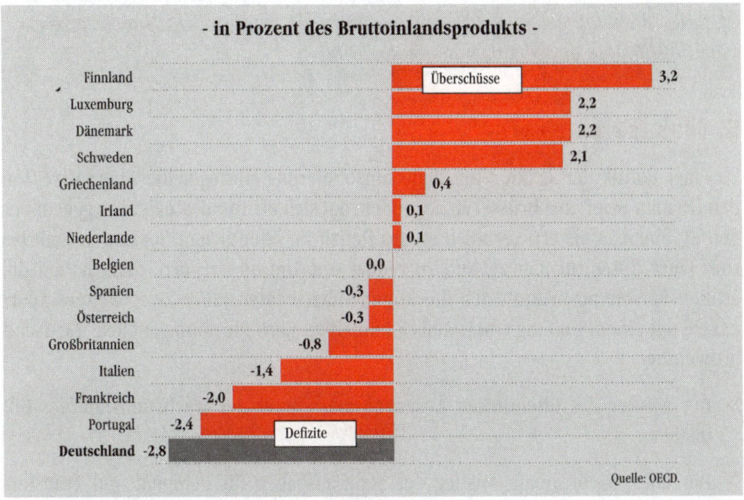

Zur deutlichen Verfehlung der Konsolidierungsziele trugen mehrere Faktoren bei:

- Die konjunkturelle Abkühlung hat die Staatsfinanzen belastet. Die Steuereinnahmen blieben hinter den Erwartungen zurück, und die Ausgaben (beispielsweise für die Arbeitslosenversicherung) stiegen stärker als geplant. Allerdings ist die Bundesregierung an der konjunkturellen Entwicklung mitschuldig (siehe Kapitel 1). So gingen z. B. die Investitionen wegen der verschlechterten Abschreibungsmöglichkeiten zurück.

- Die angekündigten Einsparungen von 15,3 Milliarden Euro pro Jahr wurden bei weitem nicht erreicht. Das Institut der deutschen Wirtschaft Köln errechnete echte Einsparungen von 3,8 Milliarden Euro. Denn der Bund hat in erheblichem Umfang Ausgaben auf Länder und Gemeinden verlagert, z. B. durch die Streichung des Wohngeldes für Sozialhilfeempfänger. Auch ist die „globale Minderausgabe“ in Höhe von 2,6 Milliarden Euro ein unverbindlicher Haushaltsposten.

Bedenklich ist vor allem, dass der Bundesfinanzminister den Rotstift in erster Linie bei den Investitionen angesetzt hat.

So ist der Anteil der Investitionen an den gesamten Bundesausgaben seit 1998 von 12,5 Prozent auf 10,1 Prozent in 2002 zurückgegangen. Gleichzeitig kletterte die Zinsbelastungsquote (gemessen an den gesamten Bundesausgaben) von 12,3 Prozent auf 15,7 Prozent. Da die Entwicklung bei den Ländern und Gemeinden ähnlich verlief, sank die staatliche Investitionsquote (gemessen am BIP) von 3,2 auf 2,6 Prozent (siehe Tabelle).

Fazit: *Die Bundesregierung hat mit dem Stabilitätsprogramm einen Schritt in die richtige Richtung getan, die Konsolidierungsziele wurden jedoch nicht erreicht, die Defizitquote liegt deutlich höher als 1998.*

5. Was ist zu tun?

Zu einer Politik der strikten Haushaltskonsolidierung gibt es keine Alternative. Um den „Blauen Brief" aus Brüssel abzuwenden, hat sich die Bundesregierung gegenüber den EU Finanzministern verpflichtet, das Defizit im öffentlichen Gesamthaushalt bis zum Jahre 2004 auf nahezu Null zu reduzieren. Um dies zu erreichen, halten die großen Forschungsinstitute für die kommenden beiden Jahre zwei weitere Sparpakete mit einem Umfang von jeweils 8 Milliarden Euro für unumgänglich. Dazu sind notwendig:

- Der Anstieg der öffentlichen Ausgaben muss unter der Wachstumsrate des BIP bleiben.
- Der überproportionale Anstieg der Staatsausgaben für Personal und Transferleistungen ist abzubremsen.
- In einem „Nationalen Stabilitätspakt" müssen auch die Bundesländer und die Gemeinden verpflichtet werden, ihren Beitrag zur Einhaltung der Verschuldungsgrenzen des Maastrichter Vertrages einzuhalten.
- Zur Konsolidierung gehört auch der Abbau von Subventionen. Sie sollten nach der „Rasenmähermethode" um etwa 10 Prozent gekürzt werden.
- Subventionen sind zeitlich zu befristen.

5 Schaffung eines nachhaltigen und gerechten Alterssicherungssystems

1. Was hat die Regierung versprochen?

In der Regierungserklärung der rot-grünen Koalition vom 10. November 1998 heißt es:

„Wir werden den heute in Rente lebenden Menschen ihre Rente sichern und ihnen jedenfalls ihre ohnehin oft geringen Einkünfte nicht kürzen. Denjenigen, die heute in die gesetzliche Rentenversicherung einzahlen, sagen wir zu, dass sie damit einen wirksamen und leistungsgerechten Rentenanspruch erwerben. Denjenigen, die jetzt ins Berufsleben eintreten, sichern wir den Umbau der Alterssicherung zu einem transparenten, zukunftsfähigen Versicherungspakt zu."

Zur hohen Abgabenlast verspricht der Koalitionsvertrag:

„Wir werden die Sozialversicherungsbeiträge von heute 42,3 Prozent ... auf unter 40 Prozent senken."

2. Was hat die Regierung 1998 vorgefunden?

Vor 40 Jahren wurde eine Rente von rund drei Beitragszahlern finanziert, heute sind es nur noch etwa zwei, 2040 wird jeder Beitragszahler einen Rentner finanzieren. Diese Auswirkungen des demographischen Wandels, also sinkende Geburtenzahlen bei steigender Lebenserwartung, sind von der CDU/FDP-Koalition viel zu lange mit dem Slogan „Die Rente ist sicher" vertuscht worden. So hatte ein Prognos-Gutachten von 1995 auf Basis des damaligen Rentenrechts für 2040 einen Beitragssatz zur Gesetzlichen Rentenversicherung (GRV) von fast 29 Prozent errechnet.

Das vor der Wahl beschlossene Rentenreformgesetz der CDU/FDP Koalition berücksichtigte die Überalterung der deutschen Gesellschaft und sah für 1999 Folgendes vor:

- Ein „Demographiefaktor" in der Rentenformel sollte das Rentenniveau allmählich absenken, und zwar beim „Durchschnittsrentner" mit 45 Versicherungsjahren von knapp 70 auf 64 Prozent bis zum Jahr 2030.
- Die Altersgrenzen für den frühestmöglichen Rentenbezug von Arbeitslosen und Frauen wurden schrittweise auf 62 Jahre angehoben.
- Ein zusätzlicher Zuschuss aus dem Bundeshaushalt für die Rentenkasse sollte den Rentenbeitrag um einen Punkt senken.
- Die Zeiten der Kindererziehung sollten verstärkt berücksichtigt werden.

Im Jahr 1998 betrug der Beitragssatz zur GRV 20,3 Prozent. Nach der Reform sollte er 1999 auf 19,3 Prozent sinken und bis 2030 wieder auf 22,4 Prozent ansteigen. Ohne Reform wäre der Beitragssatz bis 2030 auf 25,5 Prozent gestiegen.

3. Was hat die Regierung getan?

Die rot-grüne Koalition hat bereits für 1999 den „Demographiefaktor“ außer Kraft gesetzt. Zusätzlich wurden folgende Änderungen beschlossen:

- Die „Nettoformel“ für die jährliche Rentenanpassung wurde ausgesetzt: die Renten wurden für zwei Jahre um die jährliche Inflationsrate erhöht.
- Die „630-Mark-Jobs“ wurden mit GRV-Abgaben in Höhe von 12 Prozent belastet.
- Seit April 1999 fließen (neben dem zusätzlichen Bundeszuschuss) die Ökosteuer-Einnahmen überwiegend der gesetzlichen Rentenversicherung zu.
- Beiträge für Kindererziehung wurden ab 1999 aus dem Bundeshaushalt finanziert.
- Die Anhebung des Rentenzugangsalters auf 65 Jahre wurde beschleunigt.

Durch das Verlagern von Rentenkosten in den Bundeshaushalt konnte der GRV-Beitragssatz im April 1999 auf 19,5 und ab 2000 auf 19,3 Prozent gesenkt werden. Der steuerfinanzierte Anteil der Rentenausgaben stieg zugleich von 32,1 Prozent (1998) auf 36 Prozent (1999). 2002 überschreitet er voraussichtlich die 38-Prozent-Marke.

Grafik 1: **Gesetzliche Rentenversicherung: Beitragssätze und steuerfinanzierte Rentenausgaben***

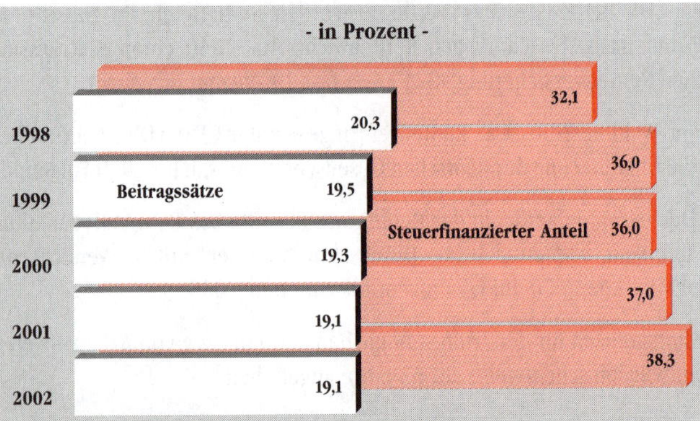

* Allgemeiner und zusätzlicher Bundeszuschuss, Beitragszahlung des Bundes, Erstattungen; 2001 und 2002: Sollzahlen. Beitragssatz 2002: Stand 1. Januar.

Quelle: BMA, Sozialbeirat zum Rentenversicherungsbericht 2000; Institut der deutschen Wirtschaft Köln.

2001 trat dann die große Rentenstrukturreform mit folgenden Elementen in Kraft:

- Verzicht auf den „Demographiefaktor“.
- Einstieg in eine staatlich geförderte Privatvorsorge (zum 1.1.2002).
- Die betriebliche Altersvorsorge wurde mit Pensionsfonds und dem Anspruch auf Umwandlung von Lohn- und Gehaltsbestandteilen in Beiträge zur privaten Altersvorsorge attraktiver gemacht.
- Die Rentenerhöhungen folgen seit 2001 wieder der Bruttolohn- und Gehaltsentwicklung (korrigiert um die Veränderung der Beitragssätze zur Rentenversicherung).
- Das Rentenniveau soll dauerhaft nicht unter 68 Prozent sinken.
- Der Beitragssatz wurde zunächst auf 19,1 Prozent gesenkt und sollte ab 2003 unter die 19-Prozent-Marke fallen.

4. Wo stehen wir heute?

Die Zahlen der Bundesregierung zeichnen ein zu optimistisches Bild. Beim Rentenniveau werden 45 Beitragsjahre und ein Einkommen in Höhe des Durchschnitts aller Versicherten unterstellt. Tatsächlich bringen es westdeutsche Männer durchschnittlich nur auf 40 Versicherungsjahre (Stand Ende 2000), westdeutsche Frauen lediglich auf knapp 26 Versicherungsjahre. (Frauen werden in der Regel über die Hinterbliebenenversorgung zusätzlich abgesichert.) Die meisten Versicherten unterschreiten also das vorgerechnete Rentenniveau deutlich (Grafik 2).

Grafik 2: **Gesetzliche Rentenversicherung: Versorgungsniveau 2001 in Westdeutschland**

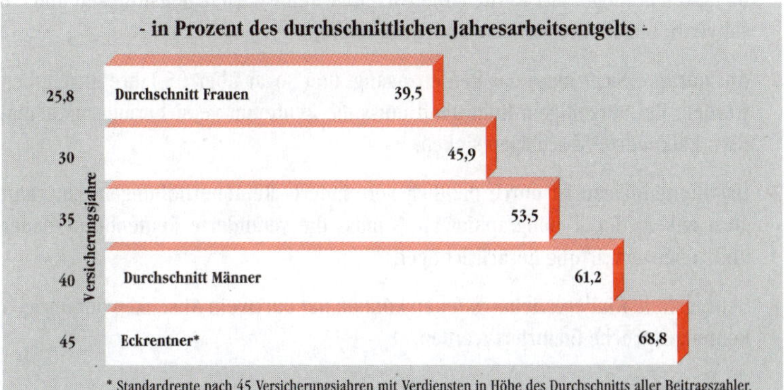

* Standardrente nach 45 Versicherungsjahren mit Verdiensten in Höhe des Durchschnitts aller Beitragszahler.

Quelle: BMA; VDR; Institut der deutschen Wirtschaft Köln.

Obwohl das Renteneintrittsalter schrittweise auf 65 angehoben wird, liegt aufgrund des großzügigen Rentenzugangs bei Arbeitslosigkeit und der subventionierten Alters-Teilzeit das tatsächliche Zugangsalter in Westdeutschland immer noch bei durchschnittlich 60,5 Jahren, in Ostdeutschland sogar nur bei 58,7 Jahren (Stand 2000).

Der aktuelle Beitragssatz von 19,1 Prozent gibt die tatsächlichen Kosten der Rente bei weitem nicht wieder. Hinzuzurechnen sind der zusätzliche Bundeszuschuss, die Einnahmen aus der Ökosteuer sowie das Absenken der GRV-Reserve von 100 auf 80 Prozent einer Monatsausgabe. Wäre all dies über Beiträge finanziert worden, läge der Beitragssatz heute bei 21,1 Prozent. Die Sozialabgaben sind rechnerisch mit 43,3 Prozent also um einen Prozentpunkt höher als 1998.

Fazit: *Die seit langem überfällige Reform der Rentenversicherung ist unnötig verzögert worden. Der Einstieg in die private Altersvorsorge erfolgt nur zögerlich, ihre staatliche Förderung erweist sich zudem als bürokratisches Monstrum. Zu optimistische Annahmen, Beitragssatzkosmetik auf Kosten des Steuerzahlers und das Vertuschen der demographischen Realität gefährden eine dauerhaft stabile Altersvorsorge. Vor allem aber ist die Abgabenlast entgegen ursprünglicher Versprechen gestiegen.*

5. Was ist zu tun?

Die Last des demographischen Wandels kann nicht allein den jungen Erwerbstätigen in Form steigender Beiträge aufgebürdet werden. Angesichts der Doppelbelastung der erwerbstätigen Generation – Kindererziehung und Versorgung der Rentner – müssen auch die Ruheständler einen Beitrag zur Fortsetzung des Generationenvertrags leisten. Deshalb sind folgende Reformen notwendig:

- Das tatsächliche Rentenzugangsalter muss schnell an die gesetzliche Schwelle von 65 Jahren herangeführt werden. Die vorzeitige Rente nach Arbeitslosigkeit und die subventionierte Altersteilzeit sind abzuschaffen.
- Auf mittlere Sicht muss das Rentenzugangsalter sogar über 65 Jahre angehoben werden. Bei vorzeitigem Ruhestand muss die Rente um versicherungsmathematisch kalkulierte Abschlägen sinken.
- Das Rentenniveau ist durch deutlich verminderte Rentenerhöhungen dauerhaft abzusenken. Ein „Demographiefaktor“ muss die veränderte Rentenbezugsdauer und Lebenserwartung berücksichtigen.
- Beitragsfreie Kindererziehungszeiten können nur durch ein Absenken der übrigen Rentenansprüche finanziert werden.

6 Bezahlbare Gesundheit durch eine Reform des Krankenversicherungssystems

1. Was hat die Regierung versprochen?

In der Regierungserklärung der rot-grünen Koalition vom 10. November 1998 heißt es:

„... im Gesundheitswesen reichen die heute zur Verfügung stehenden Finanzmittel für eine qualitativ hochwertige Versorgung im Prinzip aus. Nicht die Rationierung in der gesetzlichen Krankenversicherung, sondern die Rationalisierung in der Versorgung ist der richtige Weg ..."

Der Koalitionsvertrag präzisiert dies:

„Ziel der neuen Bundesregierung ist es, den Anstieg der Krankenversicherungsbeiträge zu stoppen und die Beiträge dauerhaft zu stabilisieren. ... Um die Qualität der Versorgung zu verbessern und die Kosten zu senken, wird die neue Bundesregierung Regelungen einführen, um medizinisch fragwürdige Leistungen und Arzneimittel aus dem Leistungskatalog der Krankenkassen zu streichen."

2. Was hat die Regierung 1998 vorgefunden?

Von 1994 bis 1998 konnte das Ausgabenwachstum deutlich gebremst werden: Waren die Ausgaben pro Versichertem im Durchschnitt der Jahre 1991/95 um mehr als 7 Prozent gestiegen, waren es 1995/98 nur noch knapp 1,2 Prozent.

Das waren die Neuerungen unter der CDU/FDP Koalition:

- 1996 wurde der Wettbewerb unter den Krankenkassen eingeführt.
- Ab 1997 wurden versicherungswirtschaftliche Elemente (Kostenrückerstattungen, Selbstbehalte) eingebaut, die Beitragsrückgewährung ermöglicht und Zuzahlungen für einzelne Gesundheitsleistungen erhöht.
- Ebenfalls 1997 ist der Leistungskatalog eingeschränkt worden (Streichung des Kassenanteils für Brillenfassungen, verkürzte Kuren, Festzuschüsse beim Zahnersatz, keine Zuschüsse beim Zahnersatz für nach 1978 Geborene, Senkung des Krankengelds von 80 auf 70 Prozent des Bruttoarbeitsentgelts).

Infolge dessen sanken die Ausgaben der Gesetzlichen Krankenversicherungen (GKV) zwischen 1996 und 1998 leicht. Die Kassen schlossen das Geschäftsjahr 1998 mit einem Überschuss von 274 Millionen Euro ab. Der Beitragssatz betrug 1998 13,6 Prozent.

3. Was hat die Regierung getan?

Zum 1. Januar 1999 revidierte die rot-grüne Koalition den Großteil der Sparmaßnahmen:

- Die erhöhten Zuzahlungen wurden zurückgenommen und die für Arzneimittel gemildert. Chronisch Kranke wurden zusätzlich entlastet. Festzuschüsse für Zahnersatz wurden wieder abgeschafft, Zahnersatz wurde auch für die nach 1978 Geborenen wieder erstattet.
- Der zeitlich befristete gesamtdeutsche Risikostrukturausgleich zwischen den Krankenkassen wurde aufgegeben und wurde durch einen Finanzausgleich zwischen west- und ostdeutschen Kassen ersetzt.

Diese Maßnahmen sollten eine Strukturreform vorbereiten. Ihre Ziele: Streichung medizinisch fragwürdiger Leistungen und Arzneimittel, Finanzierung des Krankenversicherungssystems über ein Globalbudget, Stärkung der hausärztlichen Versorgung und deren intensivere Verzahnung mit fachärztlichen und stationären Diensten, Neuordnung des Arzneimittelmarktes mittels einer Positivliste.

Wegen des Widerspruchs des Bundesrats blieb nur eine ausgedünnte Reform übrig. Statt des Globalbudgets gab es sektorale Haushalte, die Positivliste für Arzneimittel fand bis heute keine Zustimmung.

Nach dem personellen Wechsel an der Spitze des Gesundheitsministeriums Anfang 2001 und nach Aufhebung des Arzneimittelbudgets stiegen die Arzneimittelausgaben pro Versichertem um über 11 Prozent. Ihr Anteil an den gesamten GKV-Ausgaben erhöhte sich unter der rot-grünen Regierung von 14,8 auf 16,2 Prozent.

Das Jahr 2001 brachte den Kassen ein Defizit von gut 2,8 Milliarden Euro. Nach dem bis 2000 moderaten Anstieg der Ausgaben pro Versichertem kletterten diese 2001 um 4 Prozent (Grafik 1). Der Beitragssatz musste zu Beginn des Jahres 2002 auf durchschnittlich 14 Prozent angehoben werden.

Grafik 1: **Ausgaben der Gesetzlichen Krankenversicherungen**

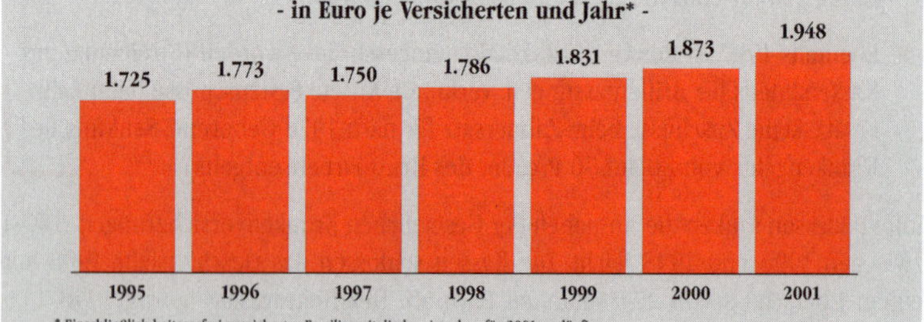

* Einschließlich beitragsfrei versicherter Familienmitglieder; Angaben für 2001 vorläufig.
Quelle: Bundesministerium für Gesundheit; Institut der deutschen Wirtschaft Köln.

m Jahr 2002 wurden weitere Neuerungen eingeführt:

- Seit April 2002 können die Versicherten jederzeit, und nicht nur wie bisher ausschließlich zum Jahresende, die Kasse wechseln.
- Für neue Rentner werden die Beiträge nur auf der Grundlage ihrer Renten berechnet. Freiwillig versicherte Rentner können aus neuem und altem Beitragsrecht die für sie günstigere Option wählen. Der durchschnittliche Jahresbeitrag eines pflichtversicherten Rentners beträgt nur etwa 55 Prozent des Beitrags eines Erwerbstätigen.
- Den Kliniken werden bis zum Jahr 2007 nicht mehr die Kosten im Einzelnen erstattet. Stattdessen erhalten sie „Fallpauschalen". Damit entfällt für Krankenhäuser der Anreiz, Patienten länger als notwendig stationär zu behandeln.

4. Wo stehen wir heute?

Die „Wiederherstellung sozialer Gerechtigkeit" war für die Versicherten teuer: Der Beitragssatz ist auf 14 Prozent gestiegen (Grafik 2). Der Höchstbeitrag zur Krankenversicherung ist in Westdeutschland binnen 4 Jahren um fast 8 Prozent gestiegen, in Ostdeutschland (Rechtsangleichung) sogar um über 26 Prozent. Damit scheiterte das Hauptziel der Koalition, den Anstieg der Krankenversicherungsbeiträge zu stoppen.

Grafik 2: **Beiträge zur Gesetzlichen Krankenversicherung**

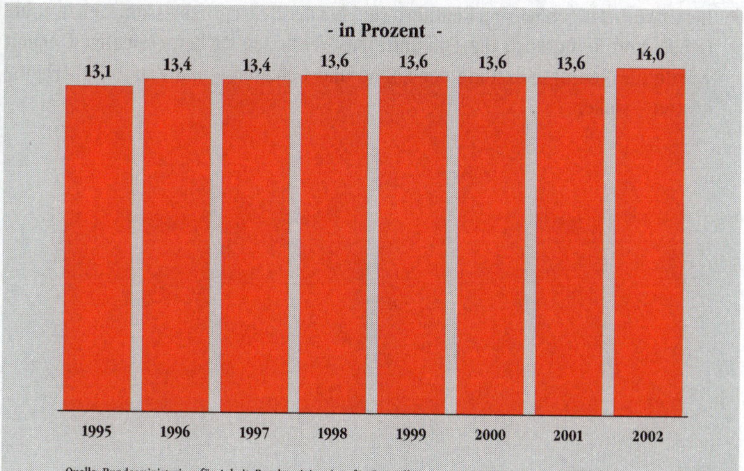

Quelle: Bundesministerium für Arbeit; Bundesministerium für Gesundheit; Institut der deutschen Wirtschaft Köln.

Fazit: *Eine durchgreifende Reform des Gesundheitswesens ist nicht gelungen, die Krankenversicherungsbeiträge sind auf Rekordniveau gestiegen. Das Gesundheitswesen krankt nach wie vor an falschen ökonomischen Anreizen. Zu unpopulären Maßnahmen fehlte der Mut.*

5. Was ist zu tun?

Ohne durchgreifende Reformen wird der Beitragssatz in der GKV aufgrund des medizinisch-technischen Fortschritts und des demographischen Wandels bis zum Jahr 2040 auf bis zu 34 Prozent klettern. Harte Schnitte sind unumgänglich:

- Der Leistungskatalog der gesetzlichen Krankenversicherung muss auf das medizinisch Notwendige beschränkt werden.
- Um das Kostenbewusstsein der Versicherten zu schärfen, ist eine generelle Selbstbeteiligung bis zu einer jährlichen Höchstgrenze einführen.
- Künftig soll jeder Versicherte wissen, was sein Arzt der Versicherung berechnet.
- Der Wettbewerb zwischen den Leistungsanbietern muss intensiviert werden.
- Das Recht auf freie Arztwahl ist einzuschränken, damit die Kassen ihren Versicherten kostengünstige Netzwerke (Ärzte, Kliniken) anbieten können. Freie Arztwahl wie bisher muss einen höheren Beitrag nach sich ziehen.
- Bei Erwerbstätigen wie bei Rentnern sind bei der Beitragsbemessung neben Lohn, Gehalt und Rente auch die Einkünfte aus Vermögen zu berücksichtigen. Damit würde die Beitragsbelastung der Löhne und Gehälter – und damit der Arbeitskosten – sinken.

7 Doppelte Dividende durch die Ökosteuer

1. Was hat die Regierung versprochen?

In der Regierungserklärung der rot-grünen Koalition vom 10. November 1998 heißt es:

„Wir wollen die Nutzung der wirtschaftlichen Ressourcen endlich marktwirtschaftlicher Vernunft unterwerfen. Deshalb steigen wir sofort in eine ökologische Steuer- und Abgabenreform ein." Und weiter: „Natur und Energie als endliche und mithin knappe Güter werden über den Preis verteuert und mit dem einzigen Ziel, Arbeit, die reichlich vorhanden ist, billiger zu machen, damit mehr Menschen Arbeit haben. ... Es geht uns nicht um die Erschließung einer weiteren Einnahmequelle für den Staat."

Der Koalitionsvertrag konkretisiert das:

„Wir werden die Sozialversicherungsbeiträge von heute 42,3 Prozent des Bruttolohns durch die Einnahmen aus der ökologischen Steuerreform auf unter 40 Prozent senken. Das entlastet Beschäftigte und Unternehmen."

2. Was hat die Regierung 1998 vorgefunden?

Der jüngste OECD-Umweltprüfbericht testiert der Bundesrepublik für die neunziger Jahre „eindrucksvolle Fortschritte bei der Entkopplung des Wirtschaftswachstums von der Schadstoffbelastung der Luft, der Abwasserbelastung und dem Ressourcenverbrauch". Das Statistische Bundesamt stützt diesen Befund: Im letzten Jahrzehnt sind der Energieverbrauch um rund 5 Prozent, der Wasserverbrauch und die Luftemissionen sogar um rund 20 Prozent zurückgegangen.

Besondere Erfolge gab es beim Klimaschutz. Die mehr als 130 klimapolitischen Einzelmaßnahmen in der letzten Dekade senkten die Kohlendioxid-Emissionen (CO_2) um 15,8 Prozent. Den größten Beitrag hierzu leistete die Industrie mit ihrer freiwilligen Selbstverpflichtung. Außer Deutschland, Großbritannien und Luxemburg konnte kein Land diese Emissionen absolut reduzieren.

Die sozial- und arbeitsmarktpolitischen Daten waren bei Regierungsantritt der rot-grünen Koalition weniger positiv. Es gab über vier Millionen Arbeitslose und die auf den Löhnen lastenden Sozialversicherungsbeiträge lagen in Westdeutschland bei 42 Prozent, in Ostdeutschland sogar darüber (Grafik 1). Allerdings versuchte die damalige Bundesregierung, das Ruder herumzureißen, unter anderem mit dem „Rentenreformgesetz 1999" (siehe Kapitel 5).

Grafik 1: **Sozialversicherungsbeiträge in Deutschland**

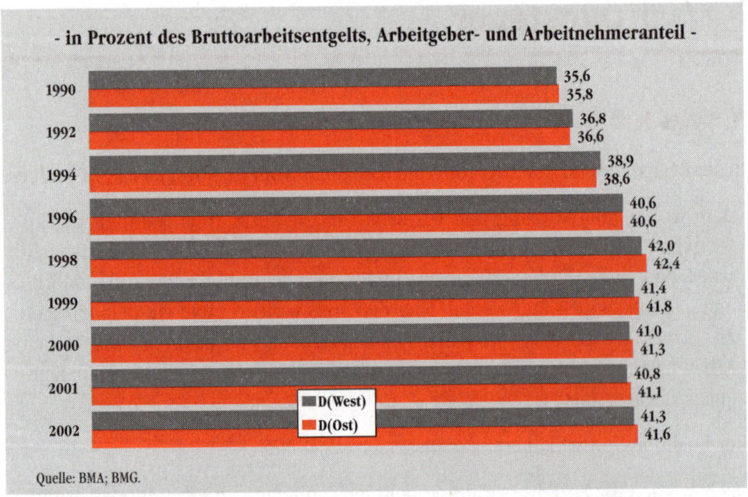

Zum 1. April 1998 hatte die CDU/FDP Regierung die Mehrwertsteuer um einen Prozentpunkt erhöht. Das daraus resultierende Steueraufkommen von 9,6 Milliarden DM floss 1998 als „zusätzlicher Bundeszuschuss" an die Rentenversicherung. Damit konnten die Rentenbeiträge bei 20,3 Prozent konstant gehalten werden.

3. Was hat die Regierung getan?

Die rot-grüne Regierung wollte zusammenführen, was nicht zusammengehört. Die nach der Bundestagswahl im Eiltempo umgesetzte ökologische Steuerreform verknüpft ökologische Ziele mit der Aufgabe, die sozialen Sicherungssysteme zu reformieren. Das eine hat jedoch mit dem anderen nichts zu tun.

Das „Gesetz zum Einstieg in die ökologische Steuerreform" ist am 1. April 1999 in Kraft getreten. Sein erklärtes Ziel ist einerseits, über die Ökosteuer die Rentenversicherungsbeiträge und damit die Personalzusatzkosten zu drücken. Das sollte die Schaffung neuer Arbeitsplätze erleichtern. Andererseits erhoffte man sich von höheren Energiesteuern einen Anreiz zu umweltfreundlicheren Produktionsanlagen und zu benzinsparenden Autos bzw. einen Rückgang der Autofahrten („Doppelte Dividende").

Die höheren Energiesteuern wurden von der neuen Bundesregierung schnell und konsequent durchgesetzt. Am 1. April 1999 wurde die Mineralölsteuer auf Kraftstoffe um 3,1 Cent je Liter, auf Heizöl um 2 Cent je Liter, auf Erdgas um 0,16 Cent je Kilowattstunde (kWh) angehoben. Zudem wurde eine Stromsteuer von 1 Cent je kWh eingeführt. Das seit dem 1. Januar 2000 geltende „Gesetz zur Fortführung der ökologischen Steuerreform" sieht für den Zeitraum 2000/03 eine jährliche Erhöhung der Steuersätze für Kraftstoffe um 3,1 Cent je Liter und der Stromsteuer um 0,26 Cent je kWh vor. Insgesamt fließen in den Jahren 1999 bis 2003 über die Ökosteuer knapp 60 Milliarden Euro in die öffentlichen Kassen. Allein im Jahr 2002 wird der Bund gut 15 Milliarden Euro zusätzlich einnehmen, 2003 werden es über 18 Milliarden Euro sein (Grafik 2).

Grafik 2: **Ökosteuer-Aufkommen**

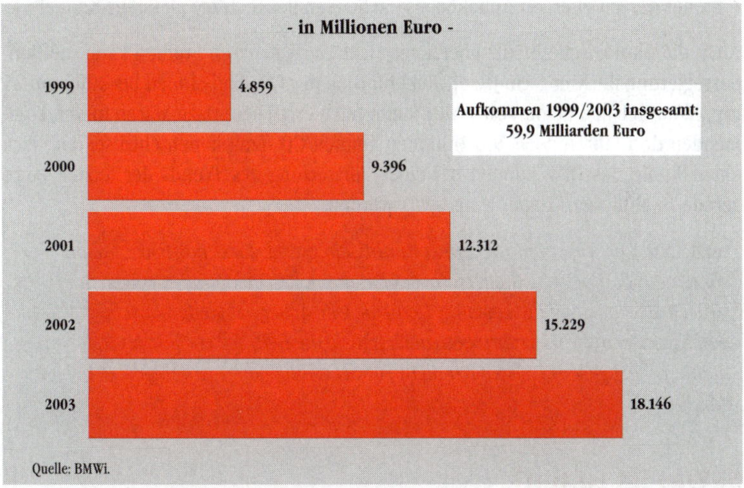

Die Zeche für diese „Reform" zahlt in erster Linie der Autofahrer. Rund 60 Prozent des gesamten Ökosteueraufkommens entfallen auf Benzin und Diesel. Dabei wird die Ökosteuer auf die bereits drückende Last der Mineralölsteuer draufgesattelt: Mineralölsteuer, Ökosteuer und Mehrwertsteuer auf Benzin summieren sich seit Januar 2002 auf 0,76 Euro je Liter.

4. Wo stehen wir heute?

Durch die Ökosteuer sind seit 1998 über 41 Milliarden Euro zusätzlich in die Rentenkassen geflossen. Dieser Geldsegen hat aber nur anfangs zu niedrigeren Beitragssätzen geführt: von 20,3 (1998) auf 19,1 (2001) Prozent. Neben den Ökosteuer-Milliarden waren hierfür aber auch noch Leistungskürzungen erforderlich (siehe Kapitel 5).

Jedenfalls wurde das Versprechen der Regierungserklärung, mit Hilfe der Ökosteuer die Sozialversicherungsbeiträge von 42,3 Prozent (Ende 1998) auf unter 40 Prozent des Bruttolohns zu senken, nicht eingehalten (Grafik 1):

- In Westdeutschland liegen die Sozialabgaben in diesem Jahr bei 41,3 Prozent, in Ostdeutschland bei 41,6 Prozent.
- Die Beitragssätze der Gesetzlichen Krankenversicherungen werden in diesem Jahr um mindestens 0,5 Prozentpunkte angehoben (siehe Kapitel 6).
- Eine Senkung des Beitrages zur Arbeitslosenversicherung ist wegen der Flaute auf dem Arbeitsmarkt nicht in Sicht (siehe Kapitel 2).
- Aufgrund von Reformdefiziten zeichnet sich bei der Rentenversicherung trotz Ökosteuer derzeit eher ein Anheben als ein Senken der Beiträge ab (siehe Kapitel 5).

Auch die ökologische Bilanz überzeugt nicht. Nach neueren Studien kann die Bundesregierung ihr Klimaschutzziel (Rückführung der CO_2-Emissionen bis 2005 um 25 Prozent unter den Stand von 1990) kaum noch erreichen. Dazu wären in den kommenden drei Jahren noch 100 Millionen Tonnen CO_2-Emissionen einzusparen. Nach einer Studie des DIW können bei einer Fortsetzung des Trends der letzten Jahre gerade 10 Millionen Tonnen eingespart werden.

Fazit: *Mit der Verknüpfung umweltpolitischer und sozialpolitischer Ziele versprach die ökologische Steuerreform eine doppelte Dividende, tatsächlich erwies sie sich als eine doppelte Legende. Denn die Ökosteuer hat weder dazu beigetragen, den Klimaschutz voranzubringen, noch hat sie die Beiträge zur Sozialversicherung nennenswert gesenkt, also auch nicht zur Schaffung neuer Arbeitsplätze beigetragen.*

5. Was ist zu tun?

Um den Klimaschutz voranzubringen, müssen neue Wege gesucht werden:

- Durch steuerliche Anreize soll die Wärmedämmung von Häusern vorangebracht werden. Hier liegt nach einhelliger Meinung der Experten das größte Einsparpotenzial.
- Auf internationaler Ebene ist eine bessere Abstimmung erforderlich. Klimaschutz muss dort Vorrang haben, wo er ökonomisch und ökologisch den größten Ertrag bringt.
- Das Rentenssystem muss so reformiert werden, dass es ohne Ökosteuer finanzierbar ist.

8 Bildungs-, Qualifizierungs- und Forschungsinitiative

1. Was hat die Regierung versprochen?

In der Regierungserklärung der rot-grünen Koalition vom 10. November 1998 heißt es:

> „Der Geldbeutel der Eltern darf nicht über die Lebenschancen in unserer Gesellschaft bestimmen. Das ist der Grund, warum wir bereits 1999 mit der Reform der Ausbildungsförderung beginnen werden. Wir werden dabei alle ausbildungsbezogenen staatlichen Leistungen zusammenfassen". Und weiter: „Das Dienstrecht des Hochschulpersonals werden wir umfassend modernisieren, um auch hier mehr Anreize für Leistung und Innovation zu schaffen".

Der Koalitionsvertrag verspricht:

> „Wir werden das Hochschulrahmengesetz im Einvernehmen mit dem Bundesrat weiterentwickeln und dabei die Erhebung von Studiengebühren ausschließen."

2. Was hat die Regierung 1998 vorgefunden?

Bereits vor dem Amtsantritt der rot-grünen Koalition war Deutschland bei Innovationen und Forschung international zurückgefallen.

Grafik 1: **FuE-Ausgaben 1998, ein internationaler Vergleich**

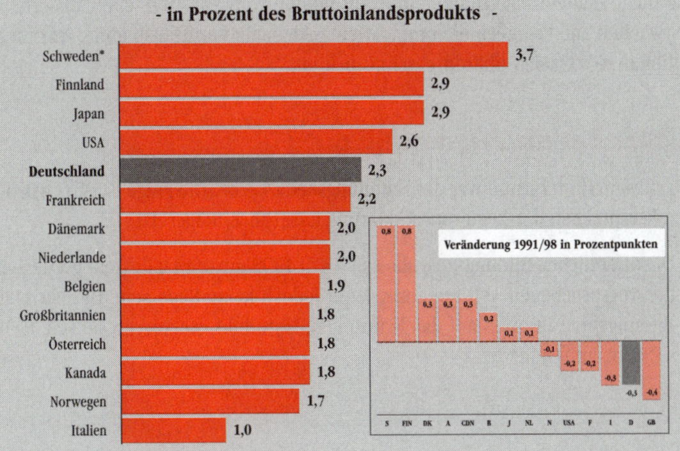

* 1997.
Quelle: Bundesforschungsministerium für Arbeit, Bericht zur technologischen Leistungsfähigkeit Deutschlands 2001.

Der umfassendste Maßstab für die Innovationsfähigkeit einer Volkswirtschaft ist de Anteil der Ausgaben für Forschung und Entwicklung (FuE) am Bruttoinlandsproduk Diese Quote betrug 1998 in Deutschland 2,3 Prozent (Grafik 1). Damit liegt di Bundesrepublik zwar geringfügig über dem OECD-Durchschnitt (2,2 Prozent). Doc die Ausgaben für Forschung und Entwicklung sind bei uns während der neunzige Jahre stärker zurückgegangen als in den meisten anderen Industrieländern.

„Bildung zum Nulltarif" hat bei uns den Anteil von Kindern aus einkommensschwa chen Familien unter den Studierenden nicht erhöht; trotz Gebührenfreiheit ist er i den letzten 20 Jahren ständig gesunken. Die Zahl der Studienanfänger pro Jahrgang liegt ebenfalls unter dem internationalen Durchschnitt.

Die deutschen Hochschulen sind aus mehreren Gründen nicht die besten:

- Bei steigenden Studentenzahlen und gleichzeitig stagnierenden Bildungsausgaben sind die Hochschulen nicht in der Lage, die erforderlichen Qualitäts-Standards zu halten.
- Das überholte Hochschul-Dienstrecht hat zur Überalterung der wissenschaftlichen Assistenten beigetragen und sorgt für extrem langwierige Berufungsverfahren.
- Die akademischen Abschlüsse entsprechen immer weniger dem Bedarf von Wirtschaft und Gesellschaft. In den neunziger Jahren stagnierte der Anteil der Mathematik-Studenten, in den Ingenieurwissenschaften ging er sogar deutlich zurück. Bei gleichzeitig gestiegenem Bedarf an Informations- und Kommunikations-Berufen fehlt es folglich an Nachwuchskräften.

Die nicht akademische Bildung und Ausbildung wies vor 1998 ebenfalls erhebliche Schwächen auf. Lediglich die praxisorientierte duale Berufsausbildung war im internationalen Vergleich überdurchschnittlich gut.

3. Was hat die Regierung getan?

Vor diesem Hintergrund war der Handlungsbedarf groß. Die Frage ist: Was wurde von den Versprechen der Regierungserklärung tatsächlich umgesetzt?

- Die öffentlichen Bildungsausgaben sind seit 1998 um etwa 4 Prozent gestiegen. Von der versprochenen Verdoppelung kann jedoch keine Rede sein. Bezieht man die Bildungsinvestitionen auf das Bruttoinlandsprodukt, stagnieren sie seit 1998 bei 4,2 Prozent (Grafik 2).

Grafik 2: **Öffentliche Bildungsausgaben**

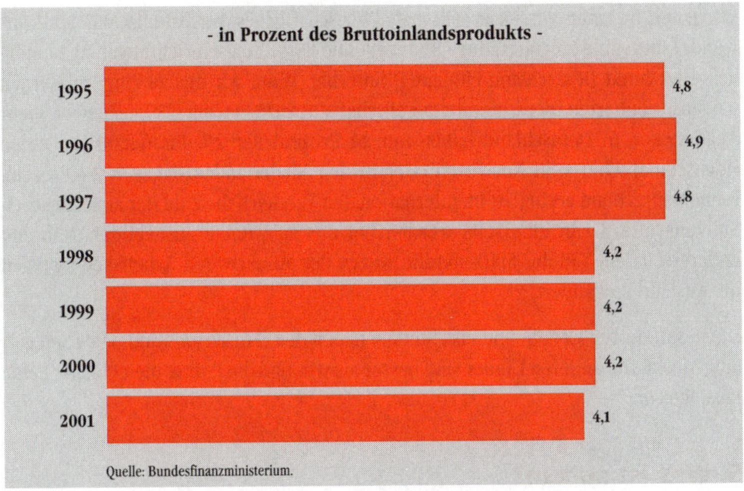

- Bei den Ausgaben für Forschung und Entwicklung konnte der fallende Trend gestoppt werden; bezogen auf das Bruttoinlandsprodukt sind sie aber nur marginal angestiegen.

- Seit Ende der neunziger Jahre studieren wieder mehr junge Leute Ingenieurwissenschaften und Informatik. Das wird jedoch nicht ausreichen, die auf mittlere Sicht vorhergesagten Lücken beim Nachwuchs zu schließen.

- Das Hochschul-Dienstrecht wurde reformiert, die Qualifizierung von Nachwuchswissenschaftlern zeitlich gestrafft, und bei der Vergütung von Hochschullehrern eine Leistungskomponente eingebaut.

- Die geplante Bafög-Reform, mit der Stipendien, Kindergeld und Steuerbefreiungen zu einer Art Grundgehalt für Studierende zusammengefasst werden sollten, kam nicht zustande. Immerhin können Studierende jetzt Bildungskredite zu günstigen Zinssätzen erhalten. Zudem wurden die Bafög-Höchstbeträge erhöht und die Schuldenlast bei Darlehensrückzahlung auf rund 10.000 Euro begrenzt..

- Das Verbot von Studiengebühren für Erststudiengänge wurde eingeführt.

Fazit: *Die entscheidenden Defizite bei Bildung, Qualifizierung und Forschung in Deutschland konnten zwischen 1998 und 2002 nicht nachhaltig beseitigt werden. Denn viele Maßnahmen waren entweder halbherzig oder ungeeignet .*

4. Wo stehen wir heute?

Wir leben in einer Wissensgesellschaft. Wirtschaftliches Wachstums und Strukturwandel sind ohne leistungsfähige Bildungs- und Forschungseinrichtungen nicht möglich. Hier hinkt Deutschland eindeutig hinterher. Wenn wir uns zu einer modernen wissensorientierten Dienstleistungsgesellschaft entwickeln wollen, brauchen wir mehr Akademiker. In Deutschland haben nur 14 Prozent der 25- bis 64jährigen einen Hochschulabschluss, in Norwegen oder in den Niederlanden dagegen 24 Prozent. Dementsprechend gering ist im internationalen Vergleich die Zahl der akademischen Spitzenkräfte. Denn einerseits werden bei uns zu wenige ausgebildet, während andererseits ein Teil der Spitzenkräfte wegen der attraktiveren Arbeitsbedingungen ins Ausland abwandert.

Die Resultate der TIMMS- und Pisa Studien haben den „Pfusch am Kind“ (Der Spiegel) aufgedeckt: Die anderen Länder sind besser als wir. Und die Politik bietet bisher keine Lösungen an.

5. Was ist zu tun?

Höhere Investitionen in Bildung und Forschung sind zwingend notwendig, reichen allein aber nicht aus. Ebenso erforderlich ist ein für Innovationen aufgeschlossenes Bewusstsein. Das Bildungssystem schafft zu wenig Anreize für überdurchschnittliche Leistungen. Folgende Veränderungen sind notwendig:

- Die Aufstockung der Hochschulausgaben auf ein Niveau, das Deutschland als einem der wohlhabendsten Länder gerecht wird.
- Die Verkürzung der Studienzeiten durch Entrümpeln der Prüfungsordnungen und durch die Einrichtung kurzer Studiengänge.
- Mehr Autonomie für die Hochschulen bei der Auswahl der Studierenden (Abschaffung der zentralen Studienplatzvergabe), bei der Studienfinanzierung und bei der Organisation.
- Mehr Autonomie für die Schulen, unter anderem bei der Besoldung der Lehrer.
- Mehr Wettbewerb zwischen den allgemeinbildenden Schulen sowie Einführung des Zentralabiturs, um Schulabschlüsse vergleichbar zu machen.
- Einführung von Studiengebühren. Sie halten diejenigen von den Hochschulen fern, die ohnehin keinen akademischen Abschluss anstreben. Wie die Beispiele anderer Länder zeigen, lässt sich eine eventuelle Benachteiligung von Studierenden aus finanziell schwachen Familien durch eine Staffelung der Gebühren sowie durch Stipendien vermeiden.

9 Chefsache „Aufbau Ost"

1. Was hat die Regierung versprochen?

In der Regierungserklärung der rot-grünen Koalition vom 10. November 1998 heißt es:

„Ich mache den ‚Aufbau Ost' zur Chefsache. Die Kompetenzen werden im Kanzleramt gebündelt und durch einen Staatsminister koordiniert."

Im Koalitionsvertrag wurde das Aufbauprogramm „Zukunft Ost" vereinbart. Seine wesentlichen Punkte:

- Verbessertes Förderkonzept mit drei Komponenten:
  - Weitere Aufbauhilfen mit erhöhter Zielgenauigkeit und Effizienz.
  - Stärkung der industriellen Basis des Strukturwandels.
  - Gesicherte Förderpräferenz für die neuen Länder.
- Fortentwicklung der Infrastrukturprogramme mit mehr Augenmerk auf Problemregionen.
- Stärkung der Innovationsfähigkeit und Eigenkapitalbildung ostdeutscher Unternehmen, Ausbau der ostdeutschen Forschungslandschaft
- Aktive Arbeitsmarktpolitik auf hohem Niveau, Schaffung zusätzlicher Ausbildungsplätze.

2. Was hat die Regierung 1998 vorgefunden?

1990 hatte Bundeskanzler Kohl den Ostdeutschen „blühende Landschaften" versprochen. In der Tat kam es zu einer regen Bautätigkeit, umfangreichen Sanierungsarbeiten und einem sichtbaren Ausbau der Infrastruktur. Dem standen aber der Zusammenbruch vieler Unternehmen und das weitgehende Ausbleiben neuer Investoren gegenüber.

Seit Mitte der neunziger Jahre hatte sich das Wirtschaftswachstum in den neuen Ländern deutlich verlangsamt; die Angleichung an die alten Bundesländern war zum Stillstand gekommen. Die Arbeitslosenquote war 1998 mit 18,2 Prozent etwa doppelt so hoch wie im Westen, obwohl im Wahljahr die Arbeitsbeschaffungs-Maßnahmen stark ausgeweitet worden waren.

Als Folge der „betonorientierten“ Wirtschaftsförderung hatte der ostdeutsche Bausektor unmittelbar nach der Wende überproportional expandiert; sein Anteil an der ostdeutschen Gesamtbeschäftigung war 1998 dreimal so hoch wie in den alten Ländern. Angesichts hoher Leerstände bei Wohn- und Gewerbe-Immobilien war aber absehbar, dass die Bauwirtschaft in den neuen Ländern schrumpfen wird.

Im Rahmen der „Verkehrsprojekte Deutsche Einheit“ waren bei den wichtigen Ost-West-Verkehrsachsen große Fortschritte erzielt worden. Dennoch belief sich der „Nachholbedarf“ gegenüber den westlichen Bundesländern bei der Infrastruktur auf mehr als 100 Milliarden Euro.

3. Was hat die Regierung getan?

Im wesentlichen hat Rot-Grün die Aufbaupolitik der Regierung Kohl fortgeführt. Die aktive Arbeitsmarktpolitik wurde zunächst sogar noch ausgeweitet. Ihre Ergebnisse waren und sind dürftig. Die meisten Arbeitsbeschaffungs-Maßnahmen führen nicht zu einer dauerhaften Beschäftigung. Die bei Umschulungen vermittelten Qualifikationen sind auf dem regionalen Arbeitsmarkt oft nicht gefragt. Zudem kritisieren viele Unternehmen die unzureichende Qualität der Umschulungsmaßnahmen.

Bei den Finanzhilfen hat die Regierung Schröder den „Solidarpakt II“ mit einem Volumen von 157 Milliarden Euro gegen anfängliche Kritik westdeutscher Länder durchgesetzt. Nach Auslaufen des „Solidarpakts I“ im Jahr 2004 sind damit die Transferleistungen für Ostdeutschland bis 2019 gesichert.

Negativ für die ostdeutschen Unternehmen haben sich hingegen die von Rot-Grün eingeführten neuen Regulierungen (siehe Kapitel 2) ausgewirkt. Der verschärfte Kündigungsschutz, die Ausweitung der betrieblichen Mitbestimmung oder die Jagd der Staatsbürokratie auf „Scheinselbständige“ hat vor allem kleine und mittlere Unternehmen, deren Anteil in Ostdeutschland noch größer ist als im Westen, besonders getroffen und Existenzgründer abgeschreckt (siehe auch Kapitel 10).

Ein weiteres Handikap für die ostdeutsche Wirtschaft drohte durch das „Tariftreuegesetz“, das Ende Mai 2002 verabschiedet werden sollte. Danach sollen öffentliche Bauaufträge nur noch an Unternehmen vergeben werden, die den vor Ort gültigen Tariflohn zahlen. Da ostdeutsche Bauunternehmen durchweg nicht in der Lage sind, westdeutsche Tariflöhne zu zahlen, wären sie zukünftig im Westen von der Vergabe öffentlicher Bauaufträge ausgeschlossen gewesen. Der Bundesrat hat dieses Vorhaben jedoch gestoppt.

Fazit: *An den Grundlinien des „Aufbaus Ost" hat sich zwischen 1998 und 2002 nichts geändert. Unverändert fließen im Jahr 75 Milliarden Euro von West nach Ost. Das entspricht einem Drittel der ostdeutschen Wirtschaftsleistung. Diese Transfers gehen überwiegend in den Konsum, nur etwa 20 bis 25 Prozent dieser Mittel werden investiert.*

4. Wo stehen wir heute?

Das Wirtschaftswachstum war im Osten während der gesamten Legislaturperiode niedriger als im Westen. 2001 schrumpfte die ostdeutsche Wirtschaft sogar um 0,1 Prozent, während sie im Westen noch um 0,8 Prozent zulegte. Das Bruttoinlandsprodukt je Einwohner hatte 1997 mit etwas über 61 Prozent des westdeutschen Wertes seinen bisherigen Höchststand erreicht. Seitdem stagnierte es und fiel 2001 sogar leicht zurück. Die Tabelle zeigt: Das Versprechen, den ostdeutschen Aufholprozess wieder in Gang zu setzen, hat Kanzler Schröder nicht eingelöst.

Tabelle 1: **Das Ost-West-Wirtschaftsgefälle** (West = 100)

	1997	2001
Bruttoinlandsprodukt je Einwohner [1)]	61	61
Haushaltsnettoeinkommen	82	80[2)]
Arbeitskosten [1)]	76	78
Lohnstückkosten (real) [1)]	112	110
Investitionen je Einwohner	143	106
Exportquote	44	61
Arbeitslosenrate	203	262
Anteil der Sozialausgaben am BIP	156	164
Originäre Steuerkraft	36	31
Öffentliche Ausgaben je Einwohner[3)]	146	137
Öffentliche Schulden je Einwohner	67	107

[1)] ohne Berlin. [2)] 2000. [3)] ohne Stadtstaaten.

Quelle: Institut der deutschen Wirtschaft

Es gab allerdings einen Lichtblick: Das Verarbeitende Gewerbe ist meistens zweistellig gewachsen und hat den Export gesteigert. Diese positive Entwicklung wurde jedoch durch den Einbruch am Bau weitgehend verdeckt.

Die Abwanderung in Richtung Westen, die Mitte der neunziger Jahre fast zum Stillstand gekommen war, hat sich wieder beschleunigt. Die Ursachen dieses „Ausblutens" liegen mehr in den fehlenden Perspektiven auf dem heimischen Arbeitsmarkt als in den Lohndifferenzen zwischen Ost und West. Statt einer Annäherung der Lebensverhältnisse und der Wirtschaftskraft zwischen Ost- und Westdeutschland, hat sich die Kluft seit 1998 wieder vergrößert.

5. Was ist zu tun?

Die neuen Bundesländer hätten mehr Erfolg, wenn sie ihre Wettbewerbsvorteile besser ausspielen könnten. Hierzu gehören die gegenüber dem Westen niedrigeren Arbeitskosten und die Flexibilität einer mittelständisch geprägten Wirtschaftsstruktur:

- Der Lohnabstand zu den alten Ländern ist ein wichtiger Wettbewerbsvorteil und muss erhalten bleiben.
- Ein Vorziehen der im „Solidarpakt II" geplanten Infrastrukturinvestitionen könnte der ostdeutschen Wirtschaft kurzfristig zusätzliche Impulse zu geben und den Bausektor stabilisieren.
- Eine Aufhebung der von Rot-Grün eingeführten zusätzlichen Regulierungen des Arbeitsmarktes (siehe Kapitel 2 und 10) erhöhte die Chancen vieler mittlerer und kleiner ostdeutscher Betriebe, sich auf verändernde Marktbedingungen einzustellen.

10 Entlastungen für den Mittelstand

1. Was hat die Regierung versprochen?

In der Regierungserklärung der rot-grünen Koalition vom 10. November 1998 heißt es:

„Wir eröffnen den Menschen die Perspektive der Selbständigkeit. ... Wir werden dies vor allem für den Mittelstand tun. Moderne Mittelstandspolitik ist für uns: weniger Bürokratie, schnellere Innovation, besserer Zugang zu den neuen Technologien."

Der Koalitionsvertrag konkretisiert dies:

„Die neue Bundesregierung wird die wirtschaftspolitischen Rahmenbedingungen für Mittelstand, Handwerk und Existenzgründungen, für Freiberufler und Selbständige verbessern."

Dies soll laut Koalitionsvertrag auf folgende Weise geschehen:

- Vereinfachte und auf wenige Programme konzentrierte Förderung von Mittelstand und Existenzgründungen.
- Stärkung der Eigenkapitalausstattung kleiner und mittlerer Unternehmen, verbesserte Bereitstellung von Wagniskapital.
- Schaffung eines „Innovationsprogramms", um Forschungsergebnisse in kleinen und mittleren Unternehmen schneller umzusetzen.

2. Was hat die Regierung 1998 vorgefunden?

Im internationalen Vergleich lag die deutsche Selbständigenquote 1998 mit 10,6 Prozent im unteren Mittelfeld. Doch ihr Rückgang war Anfang der neunziger Jahre gestoppt worden: Von 1991 bis 1998 stieg der Anteil der Selbständigen an allen Erwerbstätigen kontinuierlich an, vor allem in den neuen Bundesländern. 1991 gab es in Ostdeutschland eine Selbständigenquote von 5,2 Prozent, bis 1998 war sie schon auf 8,5 Prozent angestiegen (Grafik 1).

Allerdings wurde die mittelständische Wirtschaft schon vor dem Regierungswechsel durch bürokratische Hemmnisse, staatliche Regulierung und viel zu lange Genehmigungsverfahren behindert. Die Regierung Kohl hatte einige Reformen auf den Weg gebracht, mit denen die Flexibilität gerade kleinerer Unternehmen erhöht werden sollte. Hierzu zählten der gelockerte Kündigungsschutz für Unternehmen mit weniger als zehn Mitarbeitern sowie die etwas eingeschränkte Lohnfortzahlung im Krankheitsfall.

3. Was hat die Regierung getan?

In der mittelstandspolitischen Bilanz der Regierung Schröder/Fischer sind einige Maßnahmen zur Stärkung der Eigenkapitalbasis und die Zusammenlegung einzelner Förderprogramme positiv hervorzuheben. Daneben gab es eine Fülle von Maßnahmen, durch die sich die Position des deutschen Mittelstands, auch gegenüber der europäischen Konkurrenz, verschlechtert hat:

- Die erste Stufe der Steuerreform hat den Mittelstand zusätzlich belastet. Da der ermäßigte Spitzensteuersatz für gewerbliche Einkünfte von 43 Prozent abgeschafft wurde, unterliegen die Gesellschafter von Personenunternehmen dem allgemeinen Einkommensteuertarif. Dadurch ist die Grenzbelastung zum Jahresanfang 2001 um 5,5 Prozentpunkte auf 48,5 Prozent gestiegen. 2003 soll sie auf 47 Prozent sinken. Für 2005 ist ein Spitzensatz von 42 Prozent geplant. Erst dann würde das Belastungsniveau von 2000 etwas unterschritten (siehe Kapitel 3).
- Mit dem Betriebsverfassungsgesetz von 2001 wird die Zahl der Betriebsratsmitglieder von 250.000 auf etwa 300.000 steigen. Das bedeutet zusätzliche Kosten in Höhe von 1,3 Milliarden Euro. Für den Mittelstand sind drei Änderungen besonders nachteilig:
  - In Unternehmen mit 101 bis 150 Beschäftigten steigt die Zahl der Betriebsratsmitglieder von 5 auf 7 an. Weil ein Teil der Arbeitszeit durch die Betriebsratstätigkeit verloren geht, kostet diese Aufstockung die Betriebe 500 Millionen Euro.
  - Nach dem neuen Gesetz müssen Betriebe ab 200 Mitarbeitern (früher 300) einen Betriebsrat völlig von der Arbeit freistellen. Dies kostet weitere 250 Millionen Euro.
  - Mit dem vereinfachten Wahlverfahren für Kleinbetriebe (bis 50 Beschäftigte) will die Bundesregierung „betriebsratsfreie Zonen“ beseitigen. Eine Verdoppelung des Anteils der Betriebe mit Betriebsräten von 11 auf 22 Prozent schlägt mit 600 Millionen Euro zu Buche.
- Seit April 1999 gibt es neue Vorschriften für die 630-Mark bzw. 325- Euro-Jobs. Die Unternehmen müssen nun für jeden geringfügig Beschäftigten 12 Prozent des Bruttolohns als Pauschalbeitrag an die Rentenversicherung und 10 Prozent an die Krankenversicherung abführen. Daraus entstehen finanzielle und bürokratische Lasten. Sie treffen vor allem den Mittelstand, weil sich hier die geringfügige Beschäftigung konzentriert.
- Seit 1999 gilt im Kündigungsschutzgesetz wieder der alte Schwellenwert von 5 Mitarbeitern. Die verschärfte Sozialauswahl bei Kündigungen schränkt die Flexibi-

lität zusätzlich ein: Hier sind nun wieder „soziale Gesichtspunkte" wie Schwerbehinderung, Pflege von Angehörigen und Alleinerziehung von Kindern maßgeblich. Damit wird ein Wettbewerbsvorteil für Kleinbetriebe beseitigt.

- Existenzgründer benötigen im Durchschnitt drei bis fünf, in Extremfällen sogar neun behördliche Genehmigungen. Abhilfe durch Schaffung einer einzigen Anlaufstelle für Unternehmensgründer ist nicht in Sicht.

Fazit: *Für den Mittelstand haben sich die Rahmenbedingungen in vielen Bereichen verschlechtert statt verbessert. Neue Gesetze haben die finanziellen Lasten vermehrt und das Dickicht bürokratischer Regulierungen und Hemmnisse weiter wuchern lassen. Immer mehr ältere Mittelständler denken ans Aufhören, mögliche Nachfolger wie potenzielle Existenzgründer werden abgeschreckt.*

4. Wo stehen wir heute?

Seit 1999 geht die Selbständigenquote, also der Anteil der Selbständigen an den Erwerbstätigen, in Westdeutschland auf 10,4 Prozent deutlich zurück (Grafik 1).

Grafik 1: **Selbständigkeit in Deutschland**

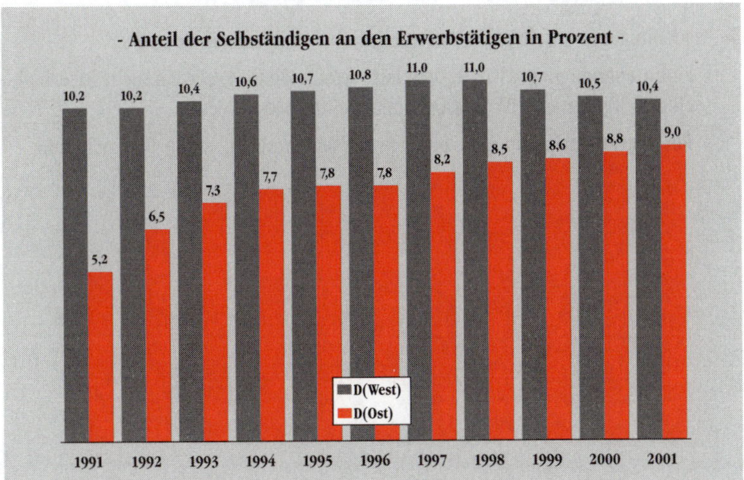

Quelle: Volkswirtschaftliche Gesamtrechnungen der Länder; Institut der deutschen Wirtschaft Köln.

Das schlägt sich in den Gewerbeanmeldungen nieder: Von 811.400 im Jahr 1998 sank die Zahl auf zuletzt 729.000. Zugleich steigt die Zahl der Firmenpleiten wieder an. Für 2002 ist ein neuer Rekord von 40.000 Unternehmens-Insolvenzen zu erwarten, mit besonders vielen mittelgroßen und kleinen Unternehmen darunter. Schon von den 32.400 Insolvenzen des Jahres 2001 entfielen 99 Prozent auf Unternehmen mit weniger als 500 Mitarbeitern.

5. Was ist zu tun?

Die Benachteiligung des Mittelstandes gegenüber den Großbetrieben ist zu korrigieren. Der Trend zu immer stärker bürokratisierten Genehmigungsverfahren und Verwaltungsabläufen muss gebrochen werden. Im Einzelnen:

- Die Gesetze, die seit 1998 die Lage des Mittelstandes verschlechtert haben, sind aufzuheben. Das betrifft insbesondere
  - die steuerliche Benachteiligung von Personengesellschaften,
  - den Kündigungsschutz in kleinen Unternehmen,
  - die Lohnfortzahlung im Krankheitsfall,
  - die Ausweitung der betrieblichen Mitbestimmung.
- Genehmigungsverfahren sind zu vereinfachen und zu beschleunigen:
  - Eine Genehmigung wird automatisch erteilt, wenn Behörden nicht innerhalb einer festgelegten Frist auf Genehmigungsanträge reagieren.
  - Für Antragsverfahren muss eine einzige Genehmigungsstelle zuständig sein.

Dr. Hugo Müller-Vogg

ist freier Journalist, u.a. Kommentator für „Welt am Sonntag", BILD und den Nachrichtensender N 24.

Der gebürtige Mannheimer (Jahrgang 1947) war nach Bundeswehr, Volkswirtschaftsstudium, Volontariat beim „Mannheimer Morgen" und Promotion 1977 zur F.A.Z. gekommen. Von 1988 bis Anfang 2001 war der Wirtschaftsjournalist Mitherausgeber dieser Zeitung.

ISBN 3-87959-560-7

Druck- und Bindearbeiten: Himmer-Druck, Augsburg
Umschlagentwurf: Gruber & König, Augsburg

Printed in Germany